영성이 깊어지는 고전 필사

영성이 깊어지는 고전 필사

지은이 | 문성모
초판 발행 | 2025. 9. 3
등록번호 | 제1988-000080호
등록된 곳 | 서울특별시 용산구 서빙고로65길 38
발행처 | 사단법인 두란노서원
영업부 | 2078-3333   FAX | 080-749-3705
출판부 | 2078-3331

책 값은 뒤표지에 있습니다.
ISBN 978-89-531-5165-9   03230

독자의 의견을 기다립니다.
tpress@duranno.com   http://www.duranno.com

ⓒ 이 출판물은 저작권법에 의해 보호를 받는 저작물이므로
무단 전재와 무단 복제, 무단 사용을 할 수 없습니다.

두란노서원은 바울 사도가 3차 전도여행 때 에베소에서 성령 받은 제자들을 따로 세워 하나님의 말씀으로 양육하던 장소입니다. 사도행전 19장 8-20절의 정신에 따라 첫째 목회자를 돕는 사역과 평신도를 훈련시키는 사역, 둘째 세계선교(TIM)와 문서선교(단행본·잡지) 사역, 셋째 예수문화 및 경배와 찬양 사역, 그리고 가정·상담 사역 등을 감당하고 있습니다. 1980년 12월 22일에 창립된 두란노서원은 주님 오실 때까지 이 사역들을 계속할 것입니다.

2천 년간 사랑받은 믿음의 명문장 100

영성이 깊어지는 고전 필사

문 성 모

두란노

차례

prologue　　　　　　　　　　　　　　　　　　　　10

PART 1　죄의 굴레와 탄식

1	나에게는 소망이 없구나	14
2	들어가서는 안 될 길이 있다	16
3	도망쳐라, 그날이 오기 전에	18
4	나는 흉악한 죄인이었다	20
5	죽음을 앞두고도 꿀을 핥는 인간	22
6	정의로운 악은 없다	24
7	드러난 죄인과 감춰진 죄인	26
8	아무것도 알 수 없음을 알았다	28
9	행복 뒤에 드리운 비참함	30
10	지옥은 있다	32

PART 2　믿음은 하나님의 선물

11	나의 죄를 모두 가져가셨다	36
12	구원은 하나님으로부터 시작된다	38
13	하나님을 만날 때 비로소 얻게 되는 것들	40
14	하나님 안에서 진짜 평화를 누린다	42
15	우리가 믿어야 하는 핵심	46
16	하나님을 믿는가?	48
17	죄 사함의 은혜를 믿습니다	50
18	나는 믿는다. 그러므로 나는 이해할 수 있다	52

PART 3 구원의 기쁨

19	하나님과의 화해로 새사람이 되다	56
20	살아야 하는 이유	58
21	하나님을 아는 것과 살아가는 것은 하나다	60
22	찬송을 멈추지 못하는 이유	62
23	죄를 짓지 않는 자유함	64
24	살아서나 죽어서나 나의 유일한 위로	66
25	선과 악이 뒤섞인 눈물	70
26	찬송으로 누리는 기쁨	72

PART 4 기도와 응답

27	기도는 나를 위한 것이다	76
28	하나님은 나의 아버지이시다	78
29	기도는 하나님과의 대화다	80
30	악한 욕망들을 이길 힘을 주소서	82
31	젖 뗀 아이처럼 평온합니다	84
32	당신의 백성에게 임하소서	86
33	약속을 믿고 기도하라	88
34	제가 바라는 것은 오직 주님밖에 없습니다	90

PART 5 그리스도인의 삶

35	술이나 유튜브 대신 경건을 열망하자	94
36	영적 성장에 도움이 되는 말을 하자	96
37	예수님처럼 살아 보고 싶다	98
38	굶주리고 목마른 자여, 잘 오셨습니다	102
39	고난 속에도 할 일이 있다	104
40	살아 있는 모든 생명은 귀하다	106
41	사랑의 낭비성, 그리스도처럼	108
42	최선을 다하라, 그리스도처럼	110
43	주님의 뜻이 이루어지기를 기도합니다	112
44	나부터 하자	114
45	하나님이 교회에 위임하신 일	116
46	진심으로 사랑합니다	118
47	내가 평화로우면 남에게도 평화를 준다	120
48	어머니의 귀	122
49	어떤 상황에서도 태연할 수 있는 비결	124
50	영혼 구원은 가장 중요한 사역이다	126

PART 6 제자의 길

51	외면하지 말아야 할 사람들	130
52	세상이 그리스도인을 미워할 때	132
53	성경을 멋대로 해석하여 악을 저지른다면…	134
54	하나님 사랑은 이웃 사랑으로 나타난다	138
55	정의를 넘어선 자비의 힘	140
56	인간은 사랑받기 위해 태어난 존재	142

57	오른손이 하는 일을 왼손이 모르게	144
58	기도는 노동, 노동은 기도	146
59	말과 행동을 통해 삶으로 전도하자	148
60	진정한 자선은 무엇인가	150
61	인간다움을 회복하기를 바라는 마음	152
62	신앙의 성취와 인간 행복 사이	154
63	악을 이기는 사랑의 힘	156
64	죽을힘을 다해 전도해 본 적이 있는가?	158
65	순교자가 뿌린 복음	160
66	주님을 위한 헌신은 결코 헛되지 않다	162
67	참된 목자는 사람들을 구세주께 인도한다	164
68	하나님이 알아주신다	166
69	복음의 능력	168

PART 7
신앙과 이성의 조화

70	무한과 허무, 두 심연 사이의 인간	172
71	생각해야 인간이다	174
72	영원하신 하나님을 선택하라	176
73	하나님이 내버려두시는 이유	178
74	악인의 심장을 향해 화살을 겨누신다	182
75	하나님 안에 거하는 사람은	184
76	죽음도 사랑은 이기지 못한다	186
77	삶이 그대를 속일지라도	188
78	고난 속에서 희망을 보라	190

79	자고 깨고, 아, 하나님 은혜	192
80	하나하나 되새기자, 받은 은혜를	194
81	고통 없는 열매는 없다	196
82	사랑은 시간을 들이는 일이다	198
83	사랑을 특별하게 만드는 의식	200
84	신앙과 과학의 조화	202

PART 8 신앙과 신학의 만남

85	성부, 성자, 성령 삼위일체 하나님	206
86	보이지 않는 것을 믿는 신앙	208
87	하나님이 나를 창조하신 이유	210
88	자유롭고 자발적으로 하나님 사랑하기	212
89	참 자유인이면서 참된 종으로 사는 법	214
90	성경은 하나님의 말씀이다	218
91	성경은 하나님이 지키신다	220
92	삼위일체의 하나님을 내가 믿습니다	222
93	하나님을 믿어야 하는 이유	224
94	값싼 은혜와 값비싼 은혜	226
95	시간이 아닌 은혜로 계산되는 삶	228
96	교회의 거룩성은 무엇인가	230
97	재물, 하나님의 영광을 위해	232
98	하나님께 모든 것을 빚진 자	234
99	관용, 용서를 넘어선 판단	236
100	영적 호기심으로 이단에 빠진다	238

● prologue

당신의 손끝에서 피어날 믿음의 글

때로는 단 한 줄의 문장이 우리의 마음을 두드리고, 우리의 삶을 송두리째 흔들어 놓기도 합니다. 수많은 철학자와 신학자, 신앙의 선배들이 남긴 깊은 통찰이 우리 앞에 펼쳐질 때, 우리는 단순히 글을 읽는 것이 아니라 진리를 마주하게 됩니다. 《영성이 깊어지는 고전 필사》는 이러한 순간을 더 깊이 음미하고, 직접 써 내려가며 자신의 신앙과 사고를 정립하는 여정을 돕는 책입니다.

이 책은 기독교 신앙을 담은 고전, 철학, 신학, 소설, 수필, 시 등에서 감동적인 구절 100개를 엄선하여, 그 글을 필사하고 나의 신앙을 점검하는 실천적인 노트입니다. 필사는 단순한 기록이 아닙니다. 손끝을 따라 흐르는 사유와 묵상, 믿음의 흔적을 남기는 과정입니다. 제시된 글을 깊이 생각하고, 문장에 담긴 의미를 새기며, 나의 삶과 신앙을 돌아보며 따라 쓴다면 나의 필사가 또 다른 사람을 감동시킬 것입니다.

이 책에 담긴 인용문들은 죄의 굴레와 탄식에서 시작하여 구원, 기도, 신앙과 이성, 신앙과 신학에 이르기까지 그리스도인의 삶과 신앙을 포괄적으로 다룹니다. 각 글을 따라 쓰다 보면 하나님 앞에서 인간의 연약함을 인식하고, 믿음을 통해 얻게 되는 은혜와 평안을 체험하며, 그리스도인의 삶을 더욱 풍요롭게 만들기 위한 글쓰기를 경험할 수 있습니다.

이 책을 통해 당신만의 신앙적 고백이 쓰이기를 바랍니다. 한 문장, 한 단어를 써 내려가는 순간이 단순한 필사가 아닌, 하나님과 더 가까워지는 시간이 되기를 바랍니다. 그리고 그 과정에서 믿음이 더욱 깊어지고, 삶이 더 빛나길 소망합니다.

이 책이 신앙을 시작하는 이들에게도 유익한 길잡이가 되기를 바랍니다. 아직 기독교를 깊이 접해 보지 않은 독자들도 이 책을 통해 신앙의 아름다움을 발견하고, 하나님과 가까워지는 계기가 되기를 소망합니다. 한 문장 한 문장을 쓰는 동안 믿음의 씨앗이 자라고, 그것이 마음속에 뿌리내리기를 바랍니다.

이제, 당신만의 영적 여정을 시작할 준비가 되었나요? 당신의 손끝에서 피어날 믿음의 글을 기대합니다.

2025년 9월
문성모

PART 1

죄의 굴레와 탄식

나에게는 소망이 없구나

죄책감이 나를 휘감아 삶의 즐거움을 송두리째 앗아 갔다.
식욕은 사라졌고, 밤잠을 이루지 못했다.
일할 기회조차 놓쳐 버린 채, 공포와 불안 속에서 하루하루를 보냈다.
… 인간은 죄를 저지르지 않을 것처럼 보이지만, 결국 죄를 범하는
존재다. 인간은 정결하게 될 의무와 힘을 가지고 있지만,
그것을 이루지 못한다.
천사가 될 자격을 가진 존재임에도 불구하고, 끊임없이 금수로
하락하며, 올라가면 천상의 사람이 될 수 있지만
내려가면 지옥의 아귀가 된다.
인간은 무한한 영광과 무한한 추락, 양극단에 도달할 가능성을
함께 지닌 존재다. 지구가 절정과 절하의 극단을 품고 있는 것처럼,
인간도 그 사이에서 머무는 존재다.

❖ 우치무라 간조, 《구안록》, 제1부

●

19세기 말 일본의 대표적 사상가 우치무라 간조 内村鑑三, Uchimura Kanzō, 1861-1930 의 1893년 저서 《구안록》求安錄 은 일종의 신앙고백록이다. 그는 당시 유행하던 독일의 합리주의와 자유주의 신학을 비판하며 하나님의 초월성을 강조하였다. 그리스도의 신성과 인간의 원죄를 부정하고 속죄론을 거부하는 신학과 신앙에 정면으로 맞서, 예수 그리스도를 통한 죄 사함과 구원의 진리를 체험적 신앙으로 설명한다.
인간은 죄를 짓지 말아야 하나 결국 죄를 짓는 존재이며, 무한한 영광과 깊은 타락 사이를 오가는 절망적인 존재다. 로마서 7장에 담긴 바울의 고민, 그리고 인간이 죄로부터 자유로울 수 있는 유일한 길은 오직 예수 그리스도뿐임을 손끝으로 새겨 보자.

들어가서는 안 될 길이 있다

나는 비통의 도시로 들어가는 길이다.
나는 버림받은 족속으로 추락하는 길이다.
나는 영원한 슬픔으로 향하는 길이다.
신성한 정의가 나의 설계자를 움직였다.
…
오직 시간이 감당할 수 없는 것들만이
나보다 먼저 만들어졌으며,
나는 시간을 초월하여 존재한다.
여기 들어오는 자들은 모든 희망을 버릴지어다.

❖ 단테 알리기에리, 《신곡》, 지옥편 제3곡

단테 알리기에리 Dante Alighieri, 1265-1321 는 이탈리아의 대표적인 시인이자 철학자로, 중세 문학과 르네상스 시대에 큰 영향을 미친 인물이다. 그의 가장 유명한 작품은 《신곡》 神曲, La Divina Commedia 이며, 지옥, 연옥, 천국을 여행하는 서사시 형태로 인간의 영적 탐구를 다루고 있다. 단테는 정치적 희생양이 되어 20년 동안 추방을 당했는데, 그 기간 중 17년 동안 성경을 읽고 장편 서사시 《신곡》을 썼다. 단테의 《신곡》 첫머리 지옥편에는 읽기만 해도 섬뜩한 문장이 나온다. "여기 들어오는 자들은 모든 희망을 버릴지어다." 이 글에서 '나'는 지옥을 의인화한 단어다.

천국을 믿는 자들은 지옥의 존재를 믿는다. 사도신경의 고백처럼 산 자와 죽은 자를 심판하러 오시는 심판자 예수 그리스도를 믿는다. 글을 쓰면서 단테가 느꼈을 절망감을 헤아려 보자.

도망쳐라, 그날이 오기 전에

사랑하는 아내여, 그리고 내 혈육인 아이들아, 너희들이 사랑하는
나는 등에 지워진 무거운 짐으로 인해 죽을 것만 같다.
더구나 머지않아 하늘에서 불이 내려와 우리가 살고 있는
이 도시를 태워 버릴 것이란 걸 나는 확실히 알고 있다.
그날이 오면, 무서운 파멸이 우리 모두를 덮쳐 나 자신은 물론
아내인 당신과 내 귀여운 자식들까지도 죽고 말 것이다.
우리가 구원을 받으려면 도망치는 길밖에 없다. 그러나 어디로
도망가야 할지 나조차 알 수 없어, 그 길을 찾기 어렵다.

❖ 존 번연, 《천로역정》, 제1장

●

존 번연 John Bunyan, 1628-1688 은 가난한 가정에서 태어나 어린 시절부터 많은 시련을 겪었다. 16세에 어머니와 누이를 잃고 아버지의 재혼을 경험했다. 그는 군대에 입대했는데, 전투 중 친구가 전사하는 사건을 겪었다. 번연은 이를 통해 하나님이 자신을 살려 주셨다고 믿었다. 그 후 신앙 있는 아내와 결혼한 뒤 거듭남의 체험을 했고, 복음을 전하는 전도자로 살다 영국 국교회의 탄압으로 12년간 감옥 생활을 하게 된다. 그곳에서 대표작 《천로역정》 *The Pilgrim's Progress* 을 집필했다.

이 기독교 우화 소설은 죄의 짐을 지고 멸망의 도시를 떠나 천성을 향해 순례하는 크리스천의 여정을 통해 인간의 구원과 심판을 묘사한다. 구원의 역사는 죄와 심판을 자각하는 순간 시작된다. 이 글을 쓰면서 죄와 구원을 생각해 보자.

나는 흉악한 죄인이었다

내가 예수를 떠난 이후, 내 삶은 공포와 혐오,
그리고 심적 고통으로 가득 차 있었다.
나는 전쟁터에서 수많은 살인을 저질렀고,
결투를 벌여 사람을 죽였으며,
도박에 빠지고 농노를 희롱하고 착취했다.
간통을 저지르고, 사기를 치고, 도둑질을 했으며,
폭행과 살인까지 저질렀다.
내가 범하지 않은 죄는 하나도 없었다.
나는 흉악한 죄인이었다.

❖ 레프 톨스토이, 《고백록》, 제3장

●

레프 톨스토이 Leo Tolstoy, 1828-1910 는 러시아의 대표적인 문호이자 사상가로, 사실주의 문학의 거장으로 평가받는다. 그는 50세가 될 때까지 하나님을 떠나 방탕하게 살았다. 그는 당시에 유행하던 인본주의에 빠져서 하나님의 존재를 거부하고 인간이 노력하면 완전한 세계를 만들 수 있다는 환상에 빠져 살았다. 그러나 인간의 한계와 죄악을 깨닫고 《고백록》 A Confession 을 쓴 후부터 기독교 친화적인 작품을 만들고 금욕 생활을 하며 재산을 가난한 자들에게 나누어 주었다.
하나님 없는 삶은 혼돈과 죄와 사망의 그늘밖에 없음을 깨달은 톨스토이의 심정으로 고백록을 진지하게 적어 보자.

죽음을 앞두고도 꿀을 핥는 인간

한 나그네가 들판에서 맹수의 습격을 받았다. 그는 목숨을 구하려고
물이 없는 우물 속으로 뛰어들었지만, 그곳에는 그를 삼키려는
거대한 용(뱀)이 입을 벌리고 기다리고 있었다. 나그네는 우물 밖으로
나가 맹수에게 잡히고 싶지도, 바닥의 용에게 먹히고 싶지도 않아
우물 중턱의 가느다란 나무줄기를 붙잡고 몸을 지탱했다.
그러나 시간이 흐르며 손의 힘은 점점 빠져 갔고, 그는 자신을
위아래에서 노리는 죽음이 피할 수 없는 운명임을 절실히 느꼈다.
그때, 검은쥐와 흰쥐가 번갈아 나타나 그가 붙잡고 있던 나무줄기를
갉아먹기 시작했다. 나그네는 나무줄기가 곧 끊어질 것이며,
자신이 용의 먹이가 될 날이 머지않았다는 것을 깨달았다.
그런 절망적인 상황 속에서도, 그는 주위를 둘러보았다. 그리고
나뭇잎에 맺힌 꿀을 발견하자, 망설임 없이 혀끝으로 그 꿀을 핥았다.

❖ 레프 톨스토이, 《고백록》, 제12장

●

러시아의 작가 레프 톨스토이 Leo Tolstoy, 1828-1910 는 《고백록》에서 동양 우화를 인용해 인생을 설명한다. 흰쥐와 검은쥐는 낮과 밤, 나무줄기는 생명줄이며, 세월은 그것을 갉아먹는다. 우물 바닥의 용은 죽음을 상징하고, 나뭇잎의 꿀은 젊은 날의 성공·부·권력 그리고 사랑과 예술이다. 그는 이 모든 것이 죽음 앞에 무의미함을 깨닫고, 하나님 없는 인생의 허무를 절감한다.
그 심정을 담아, 이 글을 써 보자.

정의로운 악은 없다

006

저 노파를 죽이고 그 돈을 빼앗는다면 어떨까? 그 돈으로 전 인류와 공공사업에 헌신할 수 있다면, 얼마나 떳떳한 일이겠는가? 하나의 작은 범죄는 수천 가지 훌륭한 사업으로 충분히 상쇄되고도 남을 것이다. 그렇다. 단 하나의 생명을 빼앗음으로써 수천의 생명을 타락과 파멸에서 구해 낼 수 있는 것이다. 저 고약한 늙은이의 생명은 생명 전체의 저울에 달아 보면 과연 얼마나 값어치가 있을까? 아니, 하루살이의 생명과 같은 것이 아니겠는가?
아니, 그것보다도 더 못할지도 모른다. 왜냐하면 저 늙은이는 유해하기 때문이다. 그녀는 훌륭한 일을 할 수 있는 다른 사람들의 생명을 좀먹고 있다. 아무런 가치도 없으며, 오히려 다른 사람들에게 해독만 끼치는 저 늙은이를 죽이는 것은 나의 책임과 양심에 조금도 어긋나지 않는다.

❋ 표도르 도스토옙스키, 《죄와 벌》, 라스콜니코프의 독백

●

표도르 도스토옙스키 | Fyodor Dostoevsky, 1821-1881 는 인간의 내면 심리와 도덕적 갈등을 심층적으로 탐구한 러시아의 대표적 소설가다. 그의 대표작 《죄와 벌》 Crime and Punishment 은 가난한 대학생 라스콜니코프가 악덕 사채업자를 살해하면서 시작되며, 단순한 범죄를 넘어 하나님 없는 인간의 죄성과 악의 본질을 드러낸다. 그는 무가치하다고 판단한 생명을 희생시켜 얻은 돈으로 가치 있는 생명을 구하려 하지만, 그 판단 자체가 생명의 존엄을 위협한다. 오늘날 우리 안에도 이 같은 죄성이 없다고 할 수 있을까? 하나님의 말씀 없이 왜곡된 인간의 판단은 죄를 정당화하며, 그 결과는 파괴적일 수밖에 없다. 이러한 죄성을 깊이 성찰하며, 하나님 없는 인간은 결국 자기 죄를 합리화하게 됨을 글로 써 보자.

드러난 죄인과 감춰진 죄인

하나님은 그것을 보셨습니다. 천사들도 그 표를 끊임없이 가리켰습니다. 악마들 또한 그 낙인을 보고 손가락질하며 조롱했습니다. 하지만 그 인간은 남들의 시선을 교묘하게 피해 다니며, 죄로 가득한 세상에서 자신이 너무 순결하여 영혼이 괴롭다는 듯이, 또는 천국 백성이 너무 적어 고독하다는 태도로 살아왔습니다. 이제 그 인간이 죽음을 앞두고 여러분 앞에 이렇게 섰습니다. '그'는 여러분에게 '헤스터'의 주홍 글씨를 보라고 합니다. 그러나 헤스터의 옷에 쓰인 주홍 글씨는 '그'의 마음에 깊이 새겨진 낙인에 비하면 그저 희미한 그림자에 불과합니다. 더 나아가 그 낙인조차도 그의 영혼에 각인된 아주 깊은 상처의 그림자일 뿐입니다. 혹시 죄에 대한 하나님의 심판을 믿지 않는 자가 있다면, 여기 주목하십시오. 바로 이곳에 무서운 증거가 있습니다.

❖ 나다니엘 호손, 《주홍 글씨》, 마지막 부분 딤즈데일의 고백

●

나다니엘 호손 Nathaniel Hawthorne, 1804-1864 의 1850년작 《주홍 글씨》 The Scarlet Letter 는 17세기 청교도 사회를 배경으로, 죄와 속죄, 인간의 내면을 깊이 탐구한 작품이다. 여주인공 헤스터 프린은 간통의 죗값으로 주홍색 글씨 'A'를 가슴에 달고 살아가지만, 상대였던 젊은 목사의 이름을 끝까지 밝히지 않으며 사랑을 지킨다. 그 목사 아서 딤즈데일은 자신의 죄를 숨긴 채 죄책감에 시달리며 고통받고, 결국 죽음을 앞두고 "헤스터의 주홍 글씨는 내 마음에 새겨진 그림자"라 고백하며 자신의 죄를 드러낸다.

호손은 이 작품을 통해 진실한 고백과 사랑의 행위만이 인간의 죄를 속죄하며 구원에 이른다는 메시지를 전한다. 오늘날에도 드러난 죄인과 감추어진 죄인은 함께 살아가고 있다.

아무것도 알 수 없음을 알았다

아!
나는 철학도, 법학도, 의학도,
그리고 신학까지도,
모든 학문에 온 힘을 다해 몰두했다.
그렇지만 여전히 가련한 바보일 뿐!
예나 지금이나 똑똑하기는 하지.
석사라, 심지어 박사라 불리며,
벌써 10년 동안이나 위아래로,
갈팡질팡 구불구불한 길로 학생들을 이끌어 왔지만,
이제 남은 것은, 우리가 아무것도 알 수 없다는 사실을 깨달은 거다.

❖ 요한 볼프강 폰 괴테, 《파우스트》, 제1부, 파우스트의 독백

●

요한 볼프강 폰 괴테 Johann Wolfgang von Goethe, 1749-1832 는 독일의 대표적인 문호이자 철학자, 과학자이다. 《파우스트》 Faust 는 괴테가 20대 초에 쓰기 시작해서 83세로 죽기 직전에 완성한 역작이다. 모티브는 구약의 욥기와 같고, 여기에 그리스 로마 신화와 철학 사상이 혼합되어 있다. 1만 2,111행에 달하는 장편 서사시의 형태로 되어 있는 희곡이다. 인간의 탐구심과 욕망을 깊이 있게 다룬 작품으로, 주인공 파우스트는 모든 학문을 섭렵했지만 결국 허무함을 느끼고 절망에 빠진다. 그는 지식이 삶의 궁극적인 의미를 제공하지 못한다는 사실을 깨닫고, 악마 메피스토펠레스와 계약을 맺어 욕망을 채우려 한다.
"여호와를 경외하는 것이 지식의 근본이거늘" 잠 1:7 이라고 했다. 하나님 없는 인간의 삶과 세상의 지식이 얼마나 공허하고 헛된가.

행복 뒤에 드리운 비참함

오, 행복 뒤에 드리운 비참이여!
이것이 영광스러운 신세계의 끝이란 말인가.
그토록 찬란했던 영광이, 나의 종말로 남다니.
축복에서 저주로 떨어지며,
그토록 바라보며 기뻐했던
하나님의 얼굴에서, 이제 나는 숨는다.
그 비참함이 여기서 멈췄다면, 얼마나 좋으랴.
그러나, 나는 이 모든 것이 합당한 보답임을 안다.
그러니 참아야 하리라, 끝없는 내 운명을.

❖ 존 밀턴,《실락원》, 제3권

●

존 밀턴 John Milton, 1608-1674 은 청교도 혁명과 왕정복고라는 격변의 시대를 살아간 영국의 서사시인이자 사상가다. 그의 대서사시《실락원》 *Paradise Lost* 은 사탄의 반란과 인간의 원죄를 중심으로, 타락과 구원의 드라마를 펼친다. 사탄은 천국에서 추방된 후 에덴동산으로 향해 인간을 유혹하고, 아담과 하와는 선악과를 먹어 죄를 짓고 에덴에서 추방된다. 이 작품은 인간의 죄와 고통을 강조하는 동시에, 하나님의 은총과 구원의 가능성을 드러낸다. 아담의 죄는 인류에게 죽음을 안겼고, 하나님과 단절된 인간은 탄식하며 절규한다. 그 속에서 역사하시는 하나님의 은총과 구원의 계획을 묵상하며 글을 써 보자.

지옥은 있다

지옥에서 고통하는 죄인들은 자기의 평생을 영구히 그르친 것을
유감으로 여기는 동시에 수치가 벌거벗은 것같이 드러나서 심리상
고통과 견디기 어려운 지옥 불에서 절망 중에 슬피 울고 이를 간다(마 13:42).
슬피 우는 것은 절망 중에서 나오는 설움이요, 이를 가는 것은
견디기 어려운 불에서 참고 견디느라고 나오는 소리이다(눅 16:24).
이 같은 고통이 얼마 기한이 있는 것이 아니요, 몇억만 년 끝이 없이
무한년한 고통이니 참 불쌍하다. 안 믿는 친족을 위하여
염려하는 자가 죽은 조상의 영혼인 것을 주의하라(눅 16:28).
자기 친척, 붕우(친구)의 믿지 않는 것을 보고도 심상히(대수롭지 않게)
여기는 신자들은 어찌 정신 있는 자라 하겠는가.

❖ 길선주,《말세론》, 제6장 무궁시대, 4. "무궁 세계의 생활"

길선주 吉善宙, 1869-1935 목사는 고려 말 유학자 야은 길재의 19대손으로, 예수 믿기 전 유교·불교·도교에 심취해 있었다. 1897년, 28세 때 마포삼열 사무엘 마펫 선교사에게 세례를 받고 1907년에는 한국 최초의 목사가 되었다. 그는 삼일운동 당시 33인 대표로 체포되어 감옥에 갇혔고, 그곳에서 요한계시록을 1만 번 읽으며 고난을 견뎌 냈다. 이후 그는 말세론 설교로 명성을 얻었다. 이 글은 1935년 발행된《말세론》의 마지막 부분으로, 원문을 그대로 인용한 것이다.

성경은 지옥을 극심한 고통의 장소로 묘사한다. 마태복음 13장 42절은 "거기서 울며 이를 갈게 되리라"고 경고하며, 누가복음 16장 24, 28절은 불꽃 속에서 고통받는 자의 모습을 생생히 그린다. 이 말씀을 바탕으로 예수 믿지 않는 자들이 마주할 지옥의 광경을 상상하며 그들의 구원을 위해 기도하자.

PART 2

믿음은 하나님의 선물

나의 죄를 모두 가져가셨다

그날 저녁, 나는 올더스게이트 거리에서 열린 한 모임에 마지못해 참석했다. 그 자리에서 누군가가 마르틴 루터의 《로마서 주석》 서문을 읽고 있었다. 8시 45분쯤, 그리스도에 대한 믿음을 통해 하나님이 사람의 마음에 이루시는 변화를 설명하는 부분을 듣던 순간, 내 마음이 이상하게 뜨거워지는 것을 느꼈다. 나는 진정으로 그리스도만을 의지하고 있으며, 구원은 오직 그분께 있음을 깨달았다. 그리고 그분이 나의 죄를, 나의 모든 죄를 가져가셨으며, 죄와 사망의 법에서 나를 구원하셨다는 확신이 내게 주어졌다.

❖ 존 웨슬리, 《존 웨슬리 선집》, 1738년 5월 24일 일기

●

존 웨슬리 John Wesley, 1703-1791 는 감리교 창시자로, 근대 복음주의 운동을 이끈 중요한 인물이다. 그의 동생 찰스 웨슬리 Charles Wesley, 1707-1788 는 1738년 5월 21일 성령강림절에 놀라운 성령 체험을 하였다. 그는 그때의 일을 기억하며 입에서 "내가 믿습니다"라는 고백이 튀어나왔다고 하였다. 다음 날, 존 웨슬리가 그를 방문했을 때 찰스는 자신의 체험을 이야기했고, 존 또한 같은 체험을 할 수 있도록 함께 기도했다. 동생의 간증에 영향을 받아 며칠 후 존 웨슬리는 올더스게이트 거리 Aldersgate Street 에서 열린 한 집회에 마지못해 참석했다. 그리고 거기서 존 웨슬리도 거듭남의 체험을 하게 되었다. 그는 일기에 이렇게 썼다. "내가 이제 하나님과 화평케 되었다는 것이 믿어졌고, 나를 사랑하시는 그리스도의 소망 안에서 기뻐하게 되었다." 그의 거듭남의 체험을 생생하게 느끼며 글을 써 보자.

구원은 하나님으로부터 시작된다

인간, 멸망 속에서도 구원의 희망을 품으리라.
그들의 의지와 상관없이, 나는 거저 베푸는 은혜로
그들의 쇠약한 영혼을 다시금 일으키리라.
죄에 찢기고 욕망에 잠식된 자라도
나의 손길을 붙잡으면 다시 일어서리라.
죽음이라 불리는 그 적 앞에서도 굳건하게 서리라.
오직 나로 말미암아 깊은 깨달음을 얻게 되리라.
구원은 나에게서 시작되어 나로 인해 완성된다는 것을.

❖ 존 밀턴, 《실락원》, 제3권

●

영국의 대표적 작가 존 밀턴 John Milton 의 《실락원》 Paradise Lost 은 단순한 용서가 아니라, 하나님의 정의와 자비가 함께 작용하는 은총의 의미를 설명한다. 하나님은 인간의 죄를 심판하시지만, 동시에 은총을 통해 구원의 길을 열어 주신다. 밀턴은 이를 통해 하나님의 사랑과 공의는 조화를 이루며, 인간이 그 은총을 받아들일 때 새로운 삶을 시작할 수 있음을 강조한다. 그러나 은총은 강요되지 않는다. 인간은 스스로 하나님의 은총을 받아들이고, 그분의 뜻에 따라 살아야 한다. 만일 인간이 이를 거부한다면, 다시 죄와 절망 속으로 빠지게 될 것이다. 은총은 기계적인 구원이 아니라, 인간의 선택과 책임이 수반된 신적 선물이다. 결국 하나님의 은총을 받아들이는 것은 단순한 용서가 아니라 새로운 삶을 향한 결단이다.

인간은 은총을 통해 변화하고, 하나님과의 관계를 회복하며, 하나님의 뜻을 따라 올바르게 살아갈 때 진정한 구원을 경험할 수 있다. 구원의 희망에 부푼 마음을 안고 소망의 글을 써 보자.

하나님을 만날 때 비로소 얻게 되는 것들

나는 평안을 얻는 길을 알게 되었다.
그러나 길을 안다는 것이 반드시 그 길에 들어선다는 것을 의미하지는 않는다. 그리스도에 대한 신앙은 나를 죄에서 구하는 것이다.
그러나 신앙도 또한 하나님의 선물이다.
나는 믿음으로 구원을 얻을 뿐 아니라 또한 믿게 되어서 구원을 받은 것이다. 이에 이르러 나는 전혀 자신을 구할 힘이 없는 자임을 깨닫게 되었다. 나는 내 '믿음'마저도 하나님께 구해야 한다.
그러므로 내가 할 수 있는 것은 오직 기도뿐이다.

❖ 우치무라 간조, 《구안록》, 제2부

●

인간은 누구나 의미와 평안을 갈망한다. 일본의 사상가 우치무라 간조 內村鑑三, 1861~1930 가 겪었던 내적 고통은 현대를 살아가는 많은 이들과 닮아 있다. 그는 학문과 자연, 윤리와 사역, 가정과 쾌락이라는 인생의 여러 길을 탐색했지만, 마음의 평안은 어디서도 발견되지 않았다. 모든 길은 결국 죄의 문제 앞에서 무력했고, 그는 "우리는 하나님을 만날 때 비로소 참된 안식을 얻는다"고 고백하게 된다.
이렇듯 인간은 자신의 노력이나 결단만으로는 참된 평안을 얻을 수 없다. 하나님과의 만남, 곧 믿음은 전적인 하나님의 은혜로 주어지는 선물이다. 믿음의 여정에서 내가 걸어온 길을 돌아보면, 언제나 하나님의 인도하심과 은총이 있었다. 내가 깨달음을 얻은 순간, 변화된 삶을 살게 된 동기, 그 모든 전환점에는 하나님의 손길이 있었다.
사도 바울의 "내가 나 된 것은 하나님의 은혜" 고전 15:10 라는 고백 속에서 구원은 하나님의 선물임을 감사하며 글을 써 보자.

하나님 안에서 진짜 평화를 누린다

오 주님, 저는 당신의 손길로 창조된 한 줌의 흙에 불과한
연약하고 작은 존재입니다. 죄로 인해 죽음에 이르게 될 운명을 지닌,
교만으로 가득한 마음을 가진 자입니다. 그럼에도 불구하고 당신께서
저에게 찬양의 마음을 허락하셨습니다.
이는 당신의 깨우침 없이는 찬양의 마음을 갖는 것조차 불가능하다는
것을 깨닫게 합니다. 당신은 저를 당신께만 속한 존재로
창조하셨으므로, 저는 당신께로부터 안식을 얻기 이전에는
진정한 평화를 누릴 수 없습니다.

✧ 아우구스티누스, 《고백록》, 제1권

●

아우렐리우스 아우구스티누스 Aurelius Augustinus, 354-430 는 이교도인 아버지와 기독교인 어머니 사이에서 태어나 청소년기에 마니교를 믿으며 방황했다. 그러다가 당대 최고의 설교자인 밀라노의 주교 암브로시우스 Ambrosius 를 만나 회심하고 그리스도인이 되었다. 《고백록》 Confessiones 은 아우구스티누스가 397년에서 400년 사이에 집필한 작품이다. 이 책은 단순한 자서전이 아니라, 신앙과 철학적 사색이 결합된 깊은 고백으로, 인간의 죄와 하나님의 은총을 탐구하는 중요한 기독교 문헌이다. 그는 《고백록》 첫머리에서 하나님 안에서 진정한 평화를 얻었다고 하며 찬양을 드린다. 그 찬양조차도 하나님의 허락 없이는 불가능함을 고백하며 하나님의 전적인 주권을 인정한다.
예수님 안에 참 평화가 있다. 예수님을 믿고 주님 안에서 누리는 평화, 세상이 줄 수 없는 하나님이 주신 평화를 찬양하며 이 글을 써 보자.

하나님 아버지께 드리는 나의 찬송시

하나님의 자녀가 되었음이 기쁜가요?
기쁨과 감사를 담은 찬송시를 지어 하나님께 올려 보세요.

우리가 믿어야 하는 핵심

우리는 그리스도가 우리를 위해 죽임을 당하셨고,
그의 죽음이 우리의 죄를 씻으며 죽음의 세력을 무력화시켰다는
진리를 듣습니다. 이것이 바로 공식입니다.
이것이 기독교의 본질이며, 우리가 믿어야 하는 핵심입니다.
그리스도의 죽음이 어떻게 이러한 효력을 가지게 되었는지에 대한
이론들은 본질적으로 부차적인 것입니다. 이러한 이론들은 필요하지
않거나 도움이 되지 않을 경우 과감히 무시할 수 있을 뿐 아니라,
설명에 유용하다 하더라도 본질과 혼동해서는 안 되는 단순한
도식이나 도해에 지나지 않습니다.

✤ C. S. 루이스, 《순전한 기독교》, 제2장 "그리스도인은 무엇을 믿는가?"

●

C. S. 루이스 Clive Staples Lewis, 1898-1963 는 영국의 작가이자 기독교 변증가로, 문학과 신앙을 결합한 작품들로 널리 알려진 인물이다. 그는 《순전한 기독교》 Mere Christianity 에서 기독교의 핵심 교리를 논리적으로 설명하며, 도덕적 보편성에 근거한 하나님 존재의 논증을 전개한다. 그는 이 책에서 예수 그리스도의 십자가 속죄 사건이 우리의 죄를 사하고 죽음의 권세를 무력화시켰다는 사실을 받아들이는 것이 기독교 신앙의 본질이라고 강조한다. 즉 그리스도의 속죄 사건은 신학적 논쟁의 대상이 될 수 없으며, 어떠한 해석도 그 본질을 흐리게 할 뿐 무가치하다고 주장한다. 또한 십자가 사건의 의미를 다른 개념과 혼동해서는 안 된다고 강조한다.
"나는 예수 그리스도의 십자가 죽음을 통한 대속의 사건을 믿는 그리스도인"이라는 신앙고백을 연필로 꾹꾹 눌러 기록해 보자.

하나님을 믿는가?

"하나만 묻겠네. 자네는 하나님을 믿는가?"
"저는 러시아를 믿습니다. 저는 러시아 정교회(正敎會)를 믿습니다…. 저는 그리스도의 성육신을 믿습니다. 저는 장래 주님의 재림이 러시아에서 이루어질 것이라고 믿습니다…. 저는 그렇게 확신하고 있습니다." 샤토프는 열광적으로 중얼거렸다.
"그러면 하나님은? 하나님은 믿는가?"
"저는… 저는 언젠가는 하나님을 믿게 될 것입니다."

✣ 표도르 도스토옙스키, 《악령》, 스타브로긴과 샤토프의 대화

●

러시아의 문호 표도르 도스토옙스키 Fyodor Dostoevsky, 1821-1881 의 소설 《악령》 The Demons 에서 주인공 스타브로긴과 샤토프가 나누는 대화이다. 샤토프는 자신의 신앙을 국가와 종교가 결합된 형태로 표현한다. 이는 단순히 교리를 믿는다는 말이 아니라, 러시아라는 땅 자체를 신적 계획의 중심으로 보는 민족주의적 믿음이다. 하지만 샤토프는 "저는 언젠가는 하나님을 믿게 될 것입니다"라고 말하며 그의 믿음이 허구임을 보여 준다. 그는 러시아와 그 종교를 통해 신을 느끼지만, 하나님이라는 절대자와의 개인적인 관계는 아직 맺지 못한 상태다.

"자네는 하나님을 믿는가?" "저는 러시아 정교회를 믿습니다"라는 문장을 읽으며, 오늘날 나는 종교나 교회를 믿는다는 말로 하나님에 대한 믿음을 대신하고 있지는 않은지 반성해 보자.

죄 사함의 은혜를 믿습니다

제56문: '죄를 사하여 주심'에 관하여 당신은 무엇을 믿습니까?
답: 그리스도의 속죄로 말미암아, 내가 범한 모든 죄와 내 삶 속에서 평생 싸워야 하는 죄악 된 본성을 하나님께서 더 이상 기억하지 않으신다는 것을 믿습니다. 오히려 그의 은혜로 말미암아, 하나님께서는 그리스도의 의를 내게 덧입혀 주시어, 심판으로부터 나를 영원히 해방시켜 주셨습니다.

❖ 하이델베르크 요리문답 제56문과 답

●

하이델베르크 요리문답 Heidelberg Catechism 은 1559년부터 1576년까지 독일 팔츠 지역을 통치했던 프리드리히 3세 Friedrich III 의 요청으로, 1563년 하이델베르크에서 작성되었다. 하이델베르크 요리문답 제56문은 그리스도를 통한 속죄와 관련된 것이다. 그리스도의 속죄로 말미암아, 내가 범한 모든 죄와 내 삶 속에서 평생 싸워야 하는 죄악 된 본성을 하나님이 더 이상 기억하지 않으신다. 오히려 그분의 은혜로 말미암아, 하나님은 그리스도의 의를 내게 덧입혀 주시어, 심판으로부터 나를 영원히 해방시키신다.
죄 사함의 확신과 심판으로부터의 해방을 고백하는 글을 쓰고 믿음이 흔들릴 때마다 이 고백을 붙들자.

나는 믿는다. 그러므로 나는 이해할 수 있다

선하신 주님, 감사합니다.
먼저 저에게 믿음을 허락하시어 믿게 하시고,
이제는 깨우쳐 주셔서
당신이 계심을 믿지 않으면
결코 깨달을 수 없음을 알게 하심에 감사드립니다.

✣ 안셀무스, 《프로슬로기온》, 제4장

●

안셀무스 Anselmus Cantuariensis, 1033-1109 는 이탈리아 출신의 중세 기독교 신학자이자 철학자로, 스콜라 철학의 창시자 중 한 명으로 평가받는다. 그는 1093년부터 1109년까지 영국 캔터베리 대주교를 지냈으며, 신의 존재를 논증하는 '존재론적 신 존재 증명'으로 유명하다. 그는 신의 존재를 논증하기 위해 《모놀로기온》 Monologion 과 《프로슬로기온》 Proslogion 을 저술했다. 《프로슬로기온》은 1077년부터 1078년 사이에 라틴어로 쓴 책으로, 그 뜻은 '누군가에게 이야기하다' 또는 '기도하다'는 의미를 지닌다. 이 책은 신앙과 이성을 결합하여 하나님의 존재를 증명하려는 시도로, 특히 "나는 믿는다. 그러므로 나는 이해할 수 있다" Credo ut intelligam 라는 그의 유명한 신학적 주장에 근거하고 있다. 안셀무스는 《프로슬로기온》을 통해 하나님의 존재를 논리적으로 증명하고, 신앙과 이성이 조화를 이루도록 노력했다. 이 책은 믿지 않으면 하나님의 존재를 이해할 수 없다는 관점을 강조한다.
"나는 하나님을 어떻게 믿게 되었는가?" 이 물음에 믿음과 이성의 틀 안에서 답해 보자.

3
PART

구원의 기쁨

하나님과의 화해로 새사람이 되다

그 고독한 불안은 끝났다. 총명한 시선, 거칠 것 없는 기질,
높은 어조, 넘치는 기쁨으로 끓어오르는 심장으로서 새 인간이
태어났다. 결국 루터는 하나님과 화해되면서, 자기 자신과도
화해되었다. 그는 자신의 인간성에 대해서 "예"라고 했다.
그는 "너무나 찬란한 하나의 피조물"(시 139:14)인 것을 즐거워했다.
그는 활짝 가슴을 열고 생명과 우주를 껴안았다. 그래서 루터는
조금씩 성숙해 갔고, 자신의 완전한 상을 이루었으며, 특히 유례없는
영적인 불안들을 통해서 자신에게 계시된 것, 그것을 이제는
온 세상이 알아야 한다는 뿌리 뽑힐 수 없는 확신을 가지게 되었다.

❖ 조르주 카잘리스, 《루터와 고백교회》, "체험과 성숙"

●

조르주 카잘리스 Georges Casalis, 1917-1987 는 프랑스의 개신교 신학자로, 마르틴 루터 Martin Luther 와 개신교 신학 연구에서 중요한 학자로 평가받는다. 그의 책 《루터와 고백교회》 Luther and the Confessing Church 는 1995년 이오갑 교수에 의해 번역되었으며, 루터의 종교개혁 사상과 고백교회의 역할을 깊이 탐구하는 내용을 담고 있다. 특히 이 책은 나치 독재 시기 독일에서 고백교회가 신앙을 지키기 위해 어떻게 대응했는지를 조명하며, 고백교회의 신학적 역할과 저항 정신을 강조한다. 이 글은 루터가 종교개혁 이전 하나님의 은혜를 체험하며 자신의 죄 문제를 해결해 나가는 과정을 설명한다. 고행을 통해 죄를 극복하려 했던 루터는 실패하고 내면의 갈등만 증폭시킨다. 그는 결국 십자가의 은혜를 통한 죄 사함의 복음을 받아들이며, 하나님과 화해하고 자신과도 화해하는 기쁨을 누리게 된다.
복음 안에서 새사람으로 태어난 루터의 심정을 나의 체험과 연결해 생각해 보고, 이 글을 쓰면서 하나님과 화해하는 기쁨을 다시 한 번 누리자.

살아야 하는 이유

집채만 한 바위가 다 보석일 필요는 없다. 반짝이는 작은 보석 알맹이 몇 개가 박혀 있으면 그 바위를 함부로 다룰 수 없다. 산 전체가 모두 꽃일 필요도 없다. 여기저기 아름다운 꽃이 섞여 있기만 해도 그 산은 아름다움을 풍긴다. 인간 모두가 다 의미 있는 삶을 살 수는 없다 할지라도, 오늘 이 사회의 한 구석에서 내가 무엇인가 삶의 의미를 찾고, 이웃에 대한 사랑의 관계성을 유지할 수 있다면, 사람 사는 세상이 보다 아름다워질 수 있다. 여기에 가진 것이 없고 하는 일이 변변치 않아도 '내가 살아야 할 이유'가 있는 것이다.

❖ 문성모, 《사랑을 믿으세요》, "살아야 하는 이유"

●

완전하고 거대한 아름다움만이 가치를 가지는 것은 아니다. 작은 보석이 박힌 바위, 여기저기 피어난 꽃들이 전하는 메시지는 분명하다. 모두가 의미 있고 위대한 삶을 살 수는 없다. 그러나 구원받은 자들은 하나님의 특별한 존재다. 믿음을 가지고 일상의 한 자락에서 삶의 의미를 발견하고, 이웃과 사랑의 관계를 맺는 순간, 그 존재는 충분히 아름답다. 현대 사회는 끊임없는 성취와 비교 속에서 살아간다. 물질의 많고 적음, 직업의 높고 낮음으로 인간의 가치를 재단하곤 한다. 하지만 이 글은 그러한 기준을 가볍게 비껴간다. "가진 것이 없고 하는 일이 변변치 않아도 '내가 살아야 할 이유'가 있는 것이다"라는 마지막 문장은 존재의 내적 가치에 대한 강한 선언이다.

나는 세상에 하나밖에 없는 하나님의 자녀임을 깨닫고, 나를 향한 하나님의 사랑도 개별적이고 구체적임을 믿으며 글을 써 보자.

하나님을 아는 것과 살아가는 것은 하나다

하나님을 인식한 순간, 나는 진정으로 가치 있는 삶을 시작할 수 있었다. 그러나 하나님을 잃고 신앙을 잃었을 때, 나를 기다리고 있는 것은 오직 자살이라는 깊은 절망뿐이었다. 이 삶의 생동감과 절망은 어디서 오는 것일까? 하나님의 존재에 대한 믿음이 사라지면, 나는 죽은 것과 다름없었다. 하지만 내가 하나님을 느끼고 그 존재를 탐구하고 있을 때만이 진정으로 살아 있음을 깨달았다. 그때야말로 내가 살면서 보람을 느끼던 순간이었다. "내가 찾아야 할 것이 바로 이것이 아닌가?"라는 질문이 내 내면에서 울려 퍼졌다. "이것이 바로 하나님이다. 이것 없이는 살 수 없는 존재, 그것 자체가 하나님이다." 하나님을 아는 것과 살아가는 것은 하나다. 하나님은 곧 생명이다.

❖ 레프 톨스토이, 《고백록》, 제12장

●

러시아의 문호 레프 톨스토이 Leo Tolstoy, 1828-1910 는 부와 사랑, 예술, 진보적 사상을 긍정하며 살아왔지만, 하나님 없는 삶의 허무함 속에서 자살 충동까지 느끼는 깊은 절망에 빠졌다. 그는 50세에 쓴 《고백록》에서 하나님을 믿기 시작하면서 모든 것의 의미가 새로워지고 삶에 활력이 생겼다고 고백한다. 특히, 당시 러시아 귀족과 지식인들의 위선적인 신앙, 즉 입으로는 하나님을 고백하면서도 실제로는 돈과 명예에 사로잡혀 있는 모습에 환멸을 느꼈다. 하나님은 그들에게 단지 재산 증식의 도구였던 것이다.

이러한 그의 경험은 나의 믿음에 대해 성찰하게 만든다. 하나님은 나의 삶을 새롭게 바라보게 해 주시는 진리의 빛이라는 고백을 드리며 글을 써 보자.

찬송을 멈추지 못하는 이유

주님, 당신 앞에서 저의 과거를 되돌아보고,
당신이 베푸신 은혜를 고백하는 일 외에는 참된 기쁨이 없습니다.
당신은 저의 교만의 봉우리를 낮추시고,
굽어진 길을 바르게 펴시며,
험난한 길을 평탄하게 하셨습니다.
또한 마음의 형제인 알리피우스를
예수 그리스도의 이름 앞에 순복하게 하신 일을 되새기며,
당신 앞에 찬송을 멈출 수 없습니다.

❖ 아우구스티누스,《고백록》, 제9권

●

고대 교부였던 히포 Hippo 의 주교 아우구스티누스 Aurelius Augustinus, 354-430 는 자신의 삶을 되돌아보며, 모든 것이 하나님의 은혜임을 고백한다. 교만을 낮추시는 것도, 굽어진 길을 바로잡으시는 것도, 험한 길을 평탄하게 하시는 것도 모두 하나님의 은혜라고 찬양한다. 글에 등장하는 알리피우스는 아우구스티누스와 함께 학문을 탐구하며 지적인 여정을 걷지만, 신앙을 받아들이는 것은 망설인다. 그러나 아우구스티누스가 밀라노의 정원에서 회심을 경험하고, 성경을 펼쳐 읽으며 신앙을 받아들이는 순간, 알리피우스도 함께 예수 그리스도의 이름 앞에 순복한다. 아우구스티누스는 이를 회상하며, 하나님의 은혜를 찬양한다.
나의 과거를 돌아보며 하나님의 은혜를 기억해 보자. 내가 기도한 어떤 사람이 예수님을 믿게 된 일이 있으면 감사와 찬송을 하나님께 올려 드리고 이 믿음의 고백을 손끝에 담아 보자.

죄를 짓지 않는 자유함

"주는 영이시니 주의 영이 계신 곳에는 자유가 있느니라"(고후 3:17). 하나님의 영은 우리에게 의를 선물하시며, 그로 인해 우리는 죄를 멀리하고 죄짓지 않음을 기뻐하는 참된 자유를 누리게 됩니다. 그러나 이 영을 떠나면 오히려 죄짓는 것을 기뻐하는 노예 상태에 빠지게 됩니다. 그러므로 우리는 그러한 노예 상태에서 벗어나야 합니다. 이는 곧 영적으로 안식하는 삶을 의미합니다.

❖ 아우구스티누스, 《성령과 율법 조문》, XVI. 28.

●

고대 유명한 교부 아우구스티누스 Aurelius Augustinus, 354-430 가 쓴 《성령과 율법 조문》은 펠라기우스 Pelagius 의 주장에 반박하면서 주후 412년에 편집되었다. 펠라기우스는 418년 카르타고 회의에서 이단으로 정죄되었는데, 그는 인간의 원죄나 예수 그리스도를 통한 속죄를 부정하고 인간의 자유의지로 율법을 행하고 구원에 이를 수 있다고 주장했다. 그러나 아우구스티누스는 인간의 자유의지에는 자유가 없고 죄의 권세 아래 있음을 말한다. 그리고 인간의 의지는 예수 그리스도를 통한 은총 안에서 하나님의 의지 아래 놓일 때 죄와 율법으로부터 자유함을 얻는다고 주장한다. 아우구스티누스는 깊은 죄에 빠져서 벗어나고자 하는 의지마저도 없었던 자신의 과거 경험을 바탕으로, 인간의 의지에는 구원할 만한 아무런 힘이 없다고 확신했다. 그는 만일 인간이 스스로를 구원할 수 있다면 하나님의 은혜는 무용지물이 될 것이며, 그리스도의 십자가는 어리석음으로 끝나고 말 것이라고 주장한다.

'주의 영이 계신 곳에 자유가 있다' 고후 3:17라는 말씀을 이해하고, 아우구스티누스의 주장을 참고하여 글을 써 보자.

살아서나 죽어서나 나의 유일한 위로

제1문: 살아서나 죽어서나 당신의 유일한 위로는 무엇입니까?
답: 살아서나 죽어서나 나의 유일한 위로는, 내가 내 것이 아니라
몸도 영혼도 신실한 구주 예수 그리스도의 것이라는 사실입니다.
그리스도께서는 그의 보혈로 나의 모든 죗값을 완전히 치르시고,
마귀의 모든 권세에서 나를 해방하셨습니다.
또한 하늘에 계신 아버지의 뜻이 아니면 머리털 하나도 땅에 떨어지지
않도록 보호하시며, 모든 것이 합력하여 나의 구원을 이루도록
역사하십니다. 그러므로 성령을 통해 영생의 확신을 주시고,
이제부터는 온 마음을 다해 기쁨으로 기꺼이
그의 뜻에 따라 살아가도록 인도하십니다.

❖ 하이델베르크 요리문답, 제1문과 답

하이델베르크 요리문답 *Heidelberg Catechism* 은 지역 교회 설교를 위한 가이드, 그리고 다양한 개신교회 간 통일된 신앙고백의 형태로 고안되었다. 저자인 자카리아스 우르시누스 *Zacharias Ursinus* 와 카스파르 올레비아누스 *Caspar Olevianus* 가 구성한 이 요리문답은 총 129개의 문답으로 구성되어 있으며, 52개의 주일로 나누어 1년 동안 매주 공부할 수 있도록 설계되었다. 하이델베르크 요리문답 제1문을 필사하면서 사나 죽으나 우리의 유일한 위로는 그리스도이심을 고백해 보자.

하나님 아버지께 드리는 나의 신앙고백

사나 죽으나 나의 유일한 위로는
그리스도이심을 고백하는 기도문을 써 보세요.

선과 악이 뒤섞인 눈물

그는 간절히 기도했다. 하나님께 도움을 청하며, 마음속 깊이 자리한 온갖 불결함을 씻어 달라고 애원했다. 그리고 그의 소원은 이미 이루어지고 있었다. 그의 내면 깊숙이 잠들어 있던 신(신성한 본성)이 깨어난 것이다. 그는 그 변화를 온전히 느꼈다. 그 순간, 자유와 용기, 삶의 기쁨이 온몸을 감싸며, 그는 선의 힘을 강렬하게 경험했다. 그가 스스로에게 말을 건네는 동안, 그의 눈에는 눈물이 글썽거렸다. 그것은 선과 악이 뒤섞인 눈물이었다. 선한 눈물은 오랜 시간 그의 내면에 잠들어 있던 정신적 존재가 깨어난 기쁨의 눈물이었고, 악한 눈물은 변화된 자신의 모습과 미덕에 스스로 감동하는 자위의 눈물이었다.

❖ 레프 톨스토이, 《부활》, 마지막 부분

●

러시아의 문호 레프 톨스토이 Leo Tolstoy 의 대표작 《부활》 Resurrection 의 마지막 부분이다. 귀족 가문의 공작 네흘류도프는 젊은 시절 경솔한 행동으로 고아 출신의 하녀 카추샤 마슬로바를 비극으로 몰아넣었다. 수년 후, 그는 배심원으로 참여한 재판에서 살인 혐의를 받은 카추샤를 다시 마주하게 된다. 충격을 받은 네흘류도프는 자신의 과거를 뉘우치며 그녀를 돕기로 결심하고, 점차 도덕적 각성과 영적 부활을 경험한다. 하지만 그의 노력에도 불구하고 카추샤는 이미 다른 삶을 선택한 상태였다. 이 작품은 단순한 사랑 이야기가 아니라, 사회적 불의에 대한 비판과 인간의 구원 가능성을 탐구하는 철학적 소설이다.

나에게도 이러한 속성이 있는지 살펴보자. 그리고 이 글을 쓰면서 하나님의 말씀으로 선하게 변할 때의 심정을 느껴 보자.

찬송으로 누리는 기쁨

찬송을 부르면 새 힘을 얻습니다.
이제는 변치 않는 사랑이 느껴지기 때문이겠지요.
이기적인 사랑에 상처받고, 미숙한 사랑에 절망하고
지배하려는 사랑에 낙심하고, 이해를 모르는 사랑에 분노하고
집착하려는 사랑에 치를 떨고, 소통이 안 되는 사랑에 답답해하고,
진실이 없는 사랑이 주는 허무에 체념하였습니다.
당신은 내 삶의 기쁨입니다.
당신이 주신 기쁨은 내 삶의 에너지입니다.

❖ 문성모, 《6 Forte의 노래》, "찬송가"

●

이 시는 상처와 회복, 그리고 참된 사랑을 향한 갈망이 찬송이라는 매개를 통해 정제된 감성으로 표현된 작품이다. "찬송을 부르면 새 힘을 얻는다"는 고백은 신앙적 위안을 넘어, 내면의 고통과 혼란을 이겨 내는 힘이 어디에서 오는지를 묻고 있다.
시인은 다양한 사랑의 형태 속에서 겪은 상처를 나열하며, 인간관계의 어두운 면을 직시하고 있다. 이기적이고 미숙하며, 통제적이고 불통인 사랑은 고통의 원천으로 그려지지만, 그 모든 허무를 지나 결국 변치 않는 사랑의 존재를 느끼게 된다. 그분이 곧 하나님이며, 그 '당신'이 주는 기쁨이 삶의 에너지로 이어진다는 결론은, 고통을 통과한 사람이 얻게 되는 순수한 감사와 평온의 감정을 담고 있다.

PART 4

기도와 응답

기도는 나를 위한 것이다

어떤 사람들은 우리가 하나님께 간구하지 않더라도 하나님은 이미
우리의 어려움과 곤란을 아시며, 우리에게 무엇이 유익한지도
알고 계시지 않느냐고 말할 것이다. 그렇기 때문에 우리가 기도로
하나님을 움직이려 한다는 것은 어리석은 일이며, 마치 우리의
목소리가 하나님을 깨우기 전까지는 하나님께서 졸고 계시거나
주무시고 계시는 것처럼 여기는 것이 아니냐고 반문할 수도 있다.
그러나 이렇게 말하는 사람들은 하나님께서 우리에게 기도하라고
가르치신 목적을 알지 못한다. 하나님이 우리에게 기도를 명하시는
것은 그분 자신을 위해서가 아니라 우리를 위한 것이다.
우리가 원하는 것과 우리에게 유익한 모든 것이 하나님께로부터
온다는 사실을 인정하고, 그 인정을 기도로 증명하는 것은
하나님께서 마땅히 받으셔야 할 것이다. 그리고 하나님의 이러한
입장은 정당하다.

❖ 장 칼뱅, 《기독교 강요》, 제3권 20장

●

장 칼뱅 Jean Calvin, 1509-1564 은 프랑스 출신의 종교개혁자이자 신학자로, 개혁주의 신학의
기초를 확립한 인물이다. 그의 역작인 《기독교 강요》 Institutio Christianae Religionis 는 1536년
라틴어판으로 처음 출판된 이후 여러 차례 개정되었으며, 1559년판에서 총 4권으로 완성되
었다. 칼뱅은 하나님의 절대 주권과 구원의 은혜를 핵심 교리로 삼았고, 인간의 구원은 오직
하나님의 은혜로 이루어진다고 주장하였다. 그는 또한 신앙의 실천과 교회의 역할을 중시
하였다. 기도에 대한 바른 이해 속에서 글을 써 보자.

하나님은 나의 아버지이시다

제120문: 그리스도께서는 왜 하나님을 "우리 아버지"로 부르라고 명령하셨습니까?
답: 우리가 기도를 시작하는 순간부터, 그리스도께서는 우리 기도의 본질적인 요소를 깨닫도록 일깨워 주십니다. 즉 그리스도를 통해 하나님께서 우리의 아버지가 되셨다는 사실을 어린아이처럼 믿고 경외하도록 가르치신 것입니다. 육신의 아버지가 세상의 것들에 대한 자녀들의 요청을 거부하지 않는 것 이상으로, 하나님 아버지께서는 우리가 믿음으로 구하는 것을 결코 거부하지 않으십니다.

❖ 하이델베르크 요리문답, 제120문과 답

●

하이델베르크 요리문답 제120문은 주기도문에 대한 문답이다. 이 문답에서는 기도할 때 하나님을 아버지로 고백하며 자녀 된 자격으로 기도하라고 한다. 우리가 기도를 시작하는 순간부터 그리스도께서는 우리 기도의 본질적인 요소를 깨닫도록 일깨워 주신다. 즉 그리스도를 통해 하나님이 우리의 아버지가 되셨다는 사실을 어린아이처럼 믿고 경외하도록 가르치신다. 육신의 아버지가 필요한 것들을 구하는 자녀들의 요청을 거부하지 않는 것 이상으로, 하나님 아버지는 우리가 믿음으로 구하는 것을 결코 거부하지 않으신다.
하나님이 나의 아버지 되심을 고백하며 자녀의 마음으로 기도문을 써 보자.

기도는 하나님과의 대화다

어느 날 나는 그의 기도를 들을 수 있는 행운을 가졌다.
얼마나 하나님이 선하신지! 그의 기도를 들으니 루터의 신앙이
얼마나 확고한지 알 수 있었다. 그는 사람들이 듣는다면 마치
아버지나 친구에게 이야기하는 것처럼 느낄 정도로,
다정한 감정과 깊은 신앙, 확고한 소망을 담아 기도했다.
그는 이렇게 말했다. "나는 당신이 나의 하나님이며, 우리들의
아버지라는 사실을 알고 있습니다. 그렇기에 당신이 당신의 자녀들을
박해하는 자들을 부끄러움으로 감싸실 것을 확신합니다.
만일 그렇게 하지 않는다면, 당신도 우리도 모두 실패입니다.
이 사건은 당신께 달려 있습니다."

❖ 펠릭스 쿤, 《루터, 그의 생애와 사상》, 제2권

●

이 글은 1883년에 출간된 펠릭스 쿤 Félix Kuhn, 1824-1905 의 《루터, 그의 생애와 사상》 Luther, sa vie et son oeuvre: 1483-1546 제2권에 있는 내용인데, 《루터와 고백교회》 조르주 카잘리스 지음, 이오갑 옮김 에서 참고했다. 프랑스의 루터교 목사였던 쿤은 이 책에서 루터의 격동적인 삶을 탐구하는데, 수도원에서의 성장부터 로마 가톨릭교회에 맞선 투쟁까지 그의 여정을 상세하게 기술하고 있다.
루터는 위대한 학자요 종교개혁의 혁명을 일으킨 사람이었지만, 한편 그는 기도의 사람이었다. 그의 종교개혁 운동의 저변에는 기도의 힘이 있었다. 기도의 힘에 대하여, 기도의 습관에 대하여 묵상하며 이 글을 써 보자.

악한 욕망들을 이길 힘을 주소서

오 자비로운 예수님, 당신의 빛으로 내 마음을 비추시어
내면의 모든 어둠을 몰아내 주소서.
흩어진 생각들을 당신의 손길로 붙잡아 주시고,
저를 에워싸며 괴롭히는 모든 유혹을 물리쳐 주소서.
당신의 능력이 내 싸움의 원동력이 되어, 이 육신 속에서 저를
괴롭히고 속이는 악한 욕망들을 이길 힘을 주소서.
또한 당신의 힘으로 평화를 회복시키시고, 정결한 마음의 성전에
오직 당신의 찬양만이 가득하게 하옵소서.

❖ **토마스 아 켐피스**, 《그리스도를 본받아》, 제3권

●

토마스 아 켐피스 Thomas à Kempis, 1380-1471 는 14세기, 전쟁으로 혼란스러웠던 독일의 가난한 가정에서 태어났다. 수도사이자 신비주의 사상가였던 그는 기독교 경건주의에 깊은 영향을 끼쳤다. 평생을 수도원에서 지내며 하나님의 말씀만을 붙든 토마스는 세속의 삶을 떠나 경건하고 욕심 없이 빈손으로 살아갔다. 하지만 그는 언제나 자신을 돌아보며, 하나님 이외의 어떤 욕망도 떨쳐 버리기 위한 영적 훈련을 지속했다.
내 삶에는 어떤 영적 유혹이 존재하는가? 토마스의 문장을 필사하며 하나님과의 평화를 깨뜨리는 욕망들을 이길 힘과 능력을 구해 보자.

젖 뗀 아이처럼 평온합니다

주님, 저는 교만한 마음을 접었습니다.
눈높이를 낮춰 오만함을 버렸습니다.
주제넘은 크고 놀라운 일을 하려고 욕심을 부리지도 않았습니다.
오히려 내 마음을 조용히 가라앉히고 잠잠하게 하였습니다.
마치 젖 뗀 아이가 어머니 품에 안겨 있듯이,
내 영혼도 그처럼 평온합니다.
이스라엘아, 지금부터 영원까지 오직 여호와만을 의지하여라.

❖ 시편 131편 1-3절, 저자 사역

●

이 시편은 다윗의 겸손한 고백과 평안한 신앙을 담담하면서도 시적으로 그려 낸다. 그는 교만과 오만을 버리고, 감당하기 어려운 크고 놀라운 일을 욕심내지 않는다. 자신의 자리에서 조용히 하나님 앞에 엎드리며, 신뢰의 자세를 회복한다. 특히 "젖 뗀 아이가 어머니 품에 안겨 있듯이"라는 비유는 신앙의 본질을 아름답게 드러낸다. 이는 의존을 넘어서, 관계 안에서 누리는 깊은 평온이다. 마지막 구절은 이 고백을 이스라엘 공동체 전체로 확장시키며, 세대를 초월한 하나님에 대한 온전한 의지를 권면한다.

오늘 교회를 향하는 발걸음에 평안이 없고 마음에 근심이 가득한 이유는 이루지 못한 욕망과 세상의 욕심이 감사를 밀어낸 탓인지도 모른다. 다윗의 시편 앞에서 우리도 잠잠히 회개하며, 주님 한 분만으로 만족하는 기도를 다시 드려 보자.

당신의 백성에게 임하소서

주 우리 하나님, 우리가 다시금 주 앞에 나아와 진심으로 간구하오니, 우리로 하여금 주님을 온전히 영접하게 하소서. 주님 안에서 참된 안식을 얻기까지, 우리를 잠시도 편안케 하지 마소서. 주의 평화가 우리의 마음과 생각과 말과 삶과 관계 속에 온전히 스며들어 실현되기까지, 우리 안에 거룩한 갈등이 머물게 하소서.
주님 없이는 우리가 아무것도 할 수 없으며, 주님 안에서는 모든 것을 감당할 수 있습니다. 이 성전의 모든 공간에 임재하시고 역사하소서. 이 도시와 그 안의 시민들 위에 은혜를 부어 주시며, 오늘 주의 공동체로 모이는 모든 곳에 함께하소서. 병자들과 죽어 가는 자들, 가난한 자들과 억압받는 자들, 그리고 진리에 눈먼 자들과 함께하여 주옵소서…. 모든 것을 주님의 손에 맡깁니다. 아멘.

✢ 칼 바르트, 《칼 바르트의 기도문》, "당신의 백성, 당신의 공동체-삼위일체주일"

●

20세기 최고의 신학자 칼 바르트 Karl Barth, 1886-1968 는 많은 기도문을 남겼다. 이 기도문은 삼위일체주일을 위한 기도문이다. 이 기도문은 하나님에 대한 절대적인 의존과 깊은 영적 갈망을 담고 있다. 하나님 안에서만 참된 안식과 평화를 얻을 수 있다는 신앙고백이 중심에 있으며, 그것이 실현되기 전에는 안식을 허락하지 말라는 간절한 청원이 인상적이다. 개인의 신앙을 넘어 공동체와 도시, 사회적 약자까지 포괄적으로 기도하는 확장된 시야도 눈에 띈다. 문장 구조와 흐름이 시적이고 고백적으로 다듬어져 있어, 예배나 묵상의 순간에 깊은 울림을 줄 수 있는 기도문이다.
우리의 마음을 모아 기도하는 마음으로 바르트의 기도문을 적어 보자.

약속을 믿고 기도하라

나에게 복을 선택하라면 부를 선택하지 않겠습니다.
부가 고통과 걱정과 근심에서 나를 자유롭게 해 주지 못하기
때문입니다. 인기도 선택하지 않겠습니다. 인기 있는 사람들에게는
평안이 없기 때문입니다. 나는 하나님께서 나와 항상 함께 계시는
것을 선택하겠습니다. 하나님께서 함께 계시면 극렬히 타오르는
풀무불도 안락한 침대처럼 편안합니다. 하나님의 사랑이 감싸 주시면
어디를 가든지 이렇게 기도할 수 있습니다.
"주여 주는 대대에 우리의 거처가 되셨나이다"(시 90:1).
이렇게 기도할 수 있는 사람은 하나님으로 충만한 사람입니다.
셀 수 없이 큰 복을 받은 사람입니다. 슬프거나 고통스럽거나 지쳐
있거나 무거운 짐을 지고 있다면, 하나님이 하시는 이 말씀에 귀를
기울이십시오. "내가 네게 큰 복을 주리라."

❖ 찰스 스펄전, 《매일 아침 하나님의 격려 한마디 365》, "주님의 복된 약속"

●

찰스 해든 스펄전 Charles Haddon Spurgeon, 1834-1892 은 영국의 침례교 목사이자 신학자로, '설교의 황태자'라는 별칭으로 불릴 만큼 탁월한 설교가였다. 그의 생애와 사역은 19세기 복음주의 운동에 큰 영향을 끼쳤다. 이 글은 진정한 복에 대한 고백으로, 하나님과의 동행이 삶의 본질적인 축복임을 강조한다. 글쓴이는 세상의 부와 인기에는 평안이 없다고 말하며, 그것들이 고통과 걱정을 없애 주지 못한다고 단언한다. 대신, 하나님이 언제나 함께 계시는 삶을 선택하겠다고 고백한다. 하나님과 함께하면 풀무불 같은 시련도 안락한 침대처럼 느껴질 정도로 평안할 수 있으며, 이는 하나님의 사랑이 우리를 감싸 주기 때문이라고 말한다. 하나님의 약속 "내가 네게 큰 복을 주리라"는 지친 영혼들에게 위로와 희망을 준다.

제가 바라는 것은 오직 주님밖에 없습니다

예수님이 없다면, 세상이 당신에게 무엇을 줄 수 있겠습니까?
주님께서 계신 곳이 천국이요, 주님께서 안 계신 곳은 사망이며
지옥입니다. 제가 바라는 것은 오직 주님밖에 없습니다.
그러므로 저는 주님께 부르짖으며, 마음 깊이 기도합니다.
주님 외에 제가 믿고 의지할 분은 아무도 없습니다.
주님께서는 저의 소망이시며, 저의 의지이시며, 저의 위로이시며,
모든 필요를 신실하게 채워 주시는 분이시기 때문입니다.

❖ 토마스 아 켐피스, 《그리스도를 본받아》, 제2권

●

토마스 아 켐피스 Thomas à Kempis, 1380-1471 는 중세 시대 경건주의 운동의 선구자였다. 그가 살던 시대에는 흑사병이 돌아 사람들이 죽어 나가고, 사회는 부패하고, 로마와 아비뇽에 두 명의 교황이 세워져서 교권 다툼을 하고 있었다. 세상은 신음 소리로 가득하고, 교회는 실망스런 상황밖에 없었다. 그에게는 주님만이 위로요, 소망이었다. 그는 이것을 매일 기도로 고백하며 살았다.
질병과 정치적 혼란과 영적 부패가 만연한 이 세상에서 나의 소망은 하나님 한 분이심을 고백하고 기도하며, 이 기도를 써 보자.

5
PART

그리스도인의 삶

술이나 유튜브 대신 경건을 열망하자

주일에 가까운 친구들이 모여서 술을 마시면서 카드놀이나 하고
주사위를 굴리는 대신 경건한 생활을 위해서 책을 읽거나
설교를 곱씹어 보는 것이 얼마나 바람직하겠습니까?
만약 하나님의 신비에 대하여 서로 이야기하며 더 깊은 깨달음을 얻은
사람이 약한 형제들을 가르친다면 얼마나 아름답겠습니까?
만약 잘 모르는 것이 있다면 목사에게 묻고 말입니다.
이런 일이 일어난다면 악한 영향은 중단되고 하나님의 감화와 은혜가
모든 사람에게 미쳐서 주일은 얼마나 거룩한 날이 되겠습니까?
하나님의 은혜로 신앙의 깊은 지식을 가진 평신도 여러분들이
만인 제사장의 특권으로 목사들의 수고를 함께 짊어지고,
자신들의 은사와 경험을 통해 이웃을 바로잡고 개혁시켜야 합니다.

❖ 필립 슈페너, 《경건한 열망》

●

독일 경건주의 운동의 창시자인 필립 슈페너 Philipp Jacob Spener, 1635-1705 목사는 형식주의에 빠진 독일 개신교회를 비판하고, 새로운 신앙운동을 일으키는 데 헌신했다. 그는 1675년 출간한 저서 《경건한 열망》 Pia Desideria 에서 성경을 가까이하고 신앙 지식을 삶에 실천하는 경건 생활의 중요성을 강조했다. 슈페너는 시민들이 주일에 장사를 중단하고, 선정적인 복장을 피하도록 법으로 규제해 달라고 요청했지만 큰 성과를 거두지는 못했다. 이에 그는 평신도들을 대상으로 경건 훈련을 시작했으며, 초기에는 자신의 집에서 주일과 수요일마다 모임을 열었다. 이 모임은 기도로 시작해 지난 주일의 설교를 함께 토론하고, 리더를 세워 참석자들을 교육하는 방식으로 진행되었다.
진정한 주일 성수가 무엇인지 생각하며 글을 써 보자.

영적 성장에 도움이 되는 말을 하자

우리는 왜 그토록 모여서 다른 사람의 이야기를 즐겨 하는지 이해하기 어렵습니다. … 우리는 서로 위로를 얻기 위해, 그리고 많은 생각으로 약해진 마음이 편안해지고 싶어서 그렇게 쉽게 이야기에 빠집니다. … 그러나 이러한 외부적인 위로는 하나님께서 주시는 영적인 위로를 받는 데 오히려 방해가 될 수 있으므로, 아무 소득 없이 시간을 보내지 않도록 기도하며 깨어 있어야 합니다. 영적인 성장에 도움이 되는 말을 하고, 나쁜 습관과 영적으로 해로운 것들을 경계하십시오.

❖ 토마스 아 켐피스, 《그리스도를 본받아》, 제1권

●

토마스 아 켐피스 Thomas à Kempis, 1380-1471 는 수도원에서 말수가 적은 삶을 살았다. 그러나 그는 단 한마디의 말이라도 이웃에게 해가 되거나, 세상의 자랑거리나 욕심에 대한 언어가 있는가 점검하며 지냈다.
나는 하루에 얼마나 많은 말을 하고 사는가를 살펴보자. 그 말의 내용이 영적 성장에 도움이 되는지, 아니면 아무 소득이 없는 해로운 것인지를 반성하면서, 언어에 조심하고 영적 성장에 도움이 되는 말을 하며 살 것을 결단하자.

예수님처럼 살아 보고 싶다

맥스웰 목사는 일주일 동안 한 사람을 간호하느라 제대로 먹지도 못하고 잠 한숨 제대로 자지 못했지만, 그 어느 때보다 힘차게 설교를 이어 갔다. … 맥스웰 목사는 진심으로 예수님을 따른다는 것이 무엇을 의미하는지 물으며, 교인들에게 한 가지 제안을 내놓았다. "앞으로 1년 동안 어떤 일이든지 그것을 하기 전에 반드시 이 질문을 해 봅시다. '예수님이라면 어떻게 하실까?' 그리고 예수님이 하실 것 같은 대로 실천해 봅시다…."
예배가 끝난 후, 교인들은 이 제안에 관해 이야기를 나누기 시작했다. "우리가 그렇게 살 수 있을까?" "예수님처럼 살아 보고 싶어."

❖ 찰스 쉘던,《예수님이라면 어떻게 하실까》

●

찰스 먼로 쉘던 Charles Monroe Sheldon, 1857-1946 은 미국의 목사이며 사회복음주의 운동을 이끈 인물로, 신앙을 행동으로 옮기는 삶을 강조했다. 그의 소설《예수님이라면 어떻게 하실까》 In His Steps: What Would Jesus Do? 는 한 부랑자의 객사 사건을 계기로 레이몬드 교회 교인들이 "예수님이라면 어떻게 하실까"라는 질문을 기준으로 살아가기로 결심하며 시작된다. 이후 교인들은 삶의 방식에 큰 변화를 겪는다. 신문사 사장은 권투 뉴스를 중단하고 광고 수익을 포기하면서 일요판 제작을 멈춘다. 성악가는 거리의 사람들을 위한 복음 가수가 되며, 상속녀는 재산을 빈민 센터 건립에 기부한다. 대학 총장은 정치 참여를 통해 공공의 선을 위해 행동한다. 이처럼 예수님의 삶과 정신을 기준으로 삼을 때, 개인의 삶과 사회는 더욱 정의롭고 따뜻한 방향으로 변화한다.
"예수님이라면 어떻게 하실까"를 내 삶에 적용하며 이 글을 써 보자.

예수님이라면 어떻게 하실까?

아침에 일어나서 잠자리에 들기까지,
예수님이 나라면 어떻게 하실지, 하루를 적어 보세요.

굶주리고 목마른 자여, 잘 오셨습니다

당신이 누구인지 밝힐 필요는 없습니다.
이곳은 내 집이 아니라, 예수 그리스도의 집이기 때문입니다.
이 집의 문은 들어오는 사람의 이름을 묻지 않습니다.
다만 그가 고통받고 있는지, 굶주리고 목마른지를 물을 뿐입니다.
당신은 고통받고 있고, 배고프며 목마른 사람이므로, 잘 오셨습니다.
내게 감사할 필요는 없습니다.
또한 내가 당신을 우리 집에 맞아들였다고 말할 필요도 없습니다.
이곳은 오직 안식처를 구하는 이들을 위한 집이며,
그들에게 열려 있을 뿐입니다.

❖ 빅토르 위고, 《레 미제라블》, 미리엘 주교의 말

빅토르 위고 Victor Hugo, 1802-1885 의 1862년 대표작 《레 미제라블》 *Les Misérables* 은 단순한 역사 소설이 아니라, 인간의 죄와 구원, 그리고 자비와 사랑을 깊이 탐구하는 작품이다. 특히 미리엘 주교가 장 발장을 맞아들이는 장면은 이 소설의 핵심 주제를 상징적으로 보여 준다. 미리엘 주교는 장 발장이 누구인지 묻지 않는다. 그는 단지 장 발장이 고통받고 있는지를 확인하고, 그를 따뜻하게 맞아들인다. 이는 조건 없는 사랑과 자비를 보여 주는 장면으로, 《레 미제라블》 전체에서 반복되는 중요한 메시지다. 장 발장은 주교의 자비를 통해 새로운 삶을 살기로 결심하고, 이후 가난한 이들을 도우며 살아간다. 그의 삶은 죄에서 시작되었지만, 자비와 사랑을 통해 구원받았다.

오늘날 나의 자비와 사랑을 나누어 줄 사람을 떠올리며 글을 써 보자.

고난 속에도 할 일이 있다

이 죽음에 직면한 고아를 돌아볼 인간은, 3개월 안에 죽을 것이라고 선고받고 있는 나밖에 없는 것 같았다. … 아주 어릴 때 고아가 되어 이 집 저 집 식모살이를 해 온 순이는 그의 병이 발각되었을 때에 주인집에서 쫓겨났다는 것이다. 5년간 섬겨 온 그 주인은 무작정 문밖으로 내쫓아 버렸다는 것이었다. …
그는 어릴 때 동무들과 함께 주일학교 다닌 것을 가장 아름다운 기억으로 자랑했다. 내가 들려준 예수님 이야기와 하나님에 관한 이야기를 가장 흥미 있게 들었다. 나는 이리하여 한 병든 소녀의 주일학교 선생이 된 느낌이었다.
그러나 순이는 어느 날 밤중에 소리 없이 가 버렸다.
나는 정말 인간적인 동정의 눈물을 흘렸다. 그의 시체가 병실에서 실려 나가기 전, 간단한 장례식을 지냈다.

❖ 김영호, 《만수 김정준 박사 회고록[개정판], 관에서 나온 사나이》, 요양원 목회

만수 김정준 金正俊, 1914-1981 박사는 구약학 연구와 신학 교육 발전에 크게 이바지한 인물이다. 그는 1914년 부산에서 태어나 일본 청산학원 신학부를 졸업한 후, 캐나다 토론토대학원과 영국 에든버러대학에서 학업을 이어 갔다. 귀국 후에는 한국신학대학 현 한신대학교 학장을 역임하며 학문과 신앙의 길을 걸었다. 그는 젊은 시절 폐결핵으로 1943년 32세의 나이에 마산 결핵요양소에 입소하게 되었고, 제6급 환자 병실에서 치료를 받았다. 3개월의 시한부 선고를 받은 그는 고통 속에서도 고아로 자라 버림받은 순이라는 소녀를 돌보았고, 이후 주변 병자들을 간호하며 기도했다. 그러던 중 병이 회복되는 기적을 경험하며 퇴원하게 되었다.
이 글을 쓰면서 고난 속에서 내가 할 일이 무엇인지 생각해 보자.

살아 있는 모든 생명은 귀하다

"당신과 함께 있으면 조금도 재미가 없다. … 악어를 지나칠 기회가 있었으면서도 총을 들 생각조차 하지 않다니."
나는 이러한 비난을 담담하게 받아들이기로 했다. 물 위에서 원을 그리며 날고 있는 새를 쏘고 싶지 않다. 원숭이를 쏘고 싶은 마음은 전혀 없다. 사람들은 종종 원숭이를 서너 마리씩 쏘아 죽이고 상처를 입히지만, 끝내 한 마리도 손에 넣지 못하는 경우가 많다. 그것들은 울창한 나뭇가지에 걸려 버리거나, 접근할 수 없는 늪의 덤불 속으로 떨어져 사라지기 때문이다. 운 좋게 시체를 찾아낸다 해도, 싸늘하게 식어 가는 어미에게 매달려 우는 애처로운 새끼 원숭이를 마주하는 일이 다반사다.

❖ 알버트 슈바이처, 《물과 원시림 사이에서》, 1914년 6월 말, 랑바레네

●

알버트 슈바이처 Albert Schweitzer, 1875-1965 는 의사, 신학자, 음악가, 철학자, 목사로서 유럽 사회의 특권을 내려놓고 아프리카 가봉 랑바레네에서 평생을 가난하고 병든 흑인들과 함께 살아간 인물이다. 그는 모든 생명은 살고자 하는 의지를 지니며, 그 자체로 신성하다고 주장한다. 모든 생명체는 존재 자체로 존중받아야 하며, 여기에는 인간뿐만 아니라 동물과 식물도 포함된다는 것이다. 현실적으로 생명을 유지하기 위해 다른 생명을 해치는 일이 불가피하지만, 그럼에도 불필요한 생명 훼손을 피해야 하고, 생명을 해치는 일이 불가피할 경우에도 도덕적 책임을 자각해야 한다고 강조한다. 그는 윤리란 '생명에 대한 경외' 이외에 아무것도 아니라고 강조하였다.
하나님의 창조 질서 안에서 살아 있는 모든 생명은 귀하다는 마음으로 글을 써 보자.

사랑의 낭비성, 그리스도처럼

"저 소녀는 돈을 벌어 가지 않으면 아버지에게 혼날까 봐 울고 있어. 신발도 없고, 양말도 신지 못한 채 조그만 머리에는 아무것도 쓰지 않았구나. 자, 어서 내 마지막 눈을 뽑아서 저 소녀에게 가져다주렴. 그러면 아버지에게 혼나지 않을 거야." 행복한 왕자가 부드럽게 말했어요. "당신 곁에 하룻밤 더 머물 수는 있어요. 하지만 당신의 눈을 뽑을 순 없어요. 마지막 눈마저 없으면 당신은 영영 앞을 볼 수 없게 되잖아요." 작은 제비가 슬픔을 참으며 대답했어요. "제비야, 제비야, 사랑스러운 작은 제비야. 내가 부탁하는 대로 해 주겠니?" 왕자는 간절히 속삭였어요. 제비는 깊은 한숨을 내쉬고는 왕자의 마지막 눈을 조심스럽게 뽑아 빠르게 날아갔어요. 그리고 소녀 곁을 스치며 그녀의 작은 손바닥 위에 살그머니 내려놓았답니다.

❋ 오스카 와일드, 《행복한 왕자》

●

오스카 와일드 Oscar Wilde, 1854-1900 는 아일랜드 출신의 시인이자 소설가, 극작가이다. 그는 희곡과 소설을 통해 인간의 위선과 사회적 모순을 신랄하게 풍자했다. 동화 《행복한 왕자》는 와일드가 1888년에 발표한 아름다운 작품으로, 사랑과 희생의 가치를 보여 준다. 생전에 세상의 가난을 알지 못한 채 살던 왕자는 죽은 후 황금과 보석으로 치장된 동상으로 마을 광장에 세워진다. 남쪽으로 날아가던 작은 제비는 우연히 동상 아래에서 하룻밤을 묵게 되고, 왕자는 제비에게 부탁한다. 자신에게 장식된 금과 보석을 가난한 사람들에게 나누어 주어 세상의 고통을 덜어 달라는 것이다. 사파이어로 된 자신의 눈까지도…. 제비는 남쪽으로 떠나는 시기를 놓치고 혹독한 겨울 속에서 생명을 잃는다.
진정한 이웃 사랑이 무엇일까를 생각하며 글을 써 보자.

최선을 다하라, 그리스도처럼

할 수 있는 한 모든 일에 최선을 다하도록 합시다.
비록 우리가 여러 가지 일에서 실패하기 쉽지만, 분명한 목표를
세우고 열심히 노력해야 합니다. 특히 우리의 영적 발전에 장애가
되는 일들을 피하려고 애써야 합니다. 우리는 항상 내면과 외면의
삶을 부지런히 살펴보고, 이를 체계적으로 정돈해야 합니다.
이러한 노력은 모두 우리의 영적 성장에 매우 중요한 역할을 하기
때문입니다.

❖ 토마스 아 켐피스,《그리스도를 본받아》, 제1권

●

토마스 아 켐피스 Thomas à Kempis, 1380-1471 는 학문적으로 깊이 연구한 학자는 아니었지만, 성경을 늘 가까이하며 삶의 중심으로 삼았다. 그는 말씀을 묵상하고, 내면과 외면의 삶을 점검하며, 그리스도를 본받는 삶을 실천하려 노력했다. 그의 저서《그리스도를 본받아》 Imitatio Christi 는 1427년경 집필된 것으로, 수도사들의 영적 훈련을 돕기 위해 작성되었으며, 이후 기독교 역사상 가장 널리 읽히는 경건서 중 하나가 되었다. 이 글은 그리스도를 본받는 삶이란 모든 일에 목표를 세우고, 부지런히 노력하는 것임을 강조한다.
나는 영적인 성장을 위해 말씀을 가까이하고, 영과 육의 삶을 점검하며 살아가는가를 돌아보자. 그리고 토마스처럼 그리스도를 본받아 살겠다는 결단을 하며 글을 써 보자.

주님의 뜻이 이루어지기를 기도합니다

주님, 이제 우리는 모든 것을 당신 앞에 올려 드립니다.
우리의 근심은 당신께 맡기고, 우리의 걱정은 당신의 위로에 기대며,
우리의 희망과 소원은 우리의 뜻이 아니라
오직 당신의 뜻이 이루어지기를 바라는 마음으로 드립니다.
우리의 죄는 당신의 자비에 의탁하고, 우리의 생각과 욕망은
당신의 손으로 정화되기를 구하며, 우리의 삶 전체는 당신께서
육체의 부활과 영원한 생명으로 이끄시기를 기도합니다.
이 자리에서 우리는 함께 있는 이들과 감옥에 갇힌 지상의
모든 사람들을 기억합니다. 이 건물의 모든 식구들과 함께하시고,
가난한 자, 병든 자, 쫓기는 자, 슬픔에 잠긴 자들과도 함께하소서.
우리나라와 모든 나라의 정의와 질서, 평화를 책임지는 이들의
생각을 일깨워 주시고, 그들의 행동을 당신의 뜻으로
다스려 주소서…. 아멘.

❖ 칼 바르트, 《칼 바르트의 기도문》, "낮이 되게 하소서"

●

칼 바르트 Karl Barth, 1886-1968 는 20세기 가장 영향력 있는 개신교 신학자다. 그는 당시 유럽을 휩쓸던 자유주의 신학의 물결에 맞서며 나치 정권에 저항했고, 그로 인해 교수직을 박탈당한 뒤 스위스로 망명하여 바젤대학교에서 생애 후반을 보냈다. 그리스도인의 삶은 하나님의 사랑에 자신을 맡기고, 그 사랑을 동력 삼아 이웃을 위해 기도하고 사랑을 실천하는 것이다. 삶 가운데 나는 하나님 사랑과 이웃 사랑을 얼마나 실천하고 있는지 되돌아보자. 하나님의 뜻에 나의 뜻을 복종시키고 있는지 생각해 보자.

나부터 하자

농민 속으로 가자. 돈이 없으면 없는 대로 몸만 가지고 가자.
가서 가장 가난한 농민이 먹는 것을 먹고, 가장 가난한 농민이 입는
것을 입고, 그리고 가장 가난한 농민이 사는 집에서 살면서,
가장 가난한 농민의 심부름을 하여 주자.
편지도 대신 써 주고, 주재소, 면소에도 대신 다녀 주고 그러면서
글도 가르치고 소비조합도 만들어 주고, 뒷간, 부엌 소제도 하여 주고,
이렇게 내 일생을 바치자.

❖ 이광수, 동아일보, 1922년 7월 24일, "무엇을 할까"

●

1922년 동아일보에 실린 작가 이광수의 사설 "무엇을 할까"는 지식인의 농촌 투신을 촉구하는 내용이다. 그는 물질적 욕심을 버리고 가장 가난한 농민의 삶 속으로 들어가, 그들의 심부름을 하고 계몽 활동을 펼치자고 주장했다. 특히, "내 일생을 바치자"는 문장으로 개인의 헌신과 실천 의지를 강조했다. 이 사설은 훗날 소설《흙》의 사상적 배경이 되었으며, 지식인의 사회적 역할에 대한 중요한 선언으로 평가된다.
주님의 정신으로 헌신해야 할 이웃은 누구인가? 그리고 그들을 위해 나는 어떤 삶을 살아야 하겠는가?

하나님이 교회에 위임하신 일

제2는 도덕의 진흥이외다. … 내 어린 시절의 보고 들은 것을 회상하면 참 전율할 만하였소. 이렇게 혼탁하고 음란하고 악한 사회에 하나의 생활의 이상과 도덕의 권위를 준 것은 '예수교회'외다. 주색(酒色)을 금하고 사기(詐欺)를 금하고 인신의 매매를 금하고 하나님(上帝)을 경배하며 선을 추구하야 청순하고 이상 있는 새 생활방식을 준 것은 실로 예수교회외다. 이리하야 근 30만이나 되는 사람들이 종교적 위안과 도덕적 청순한 생활을 추구하게 된 것은 실로 예수교회의 공로외다. 다만 그 신도뿐 아니라 신도를 통하야 전 조선의 도덕적 양심을 크게 자극시키며 도덕적 표준을 향상케 한 공도 실로 막대하외다.

❖ 이광수, 〈청춘〉, 1917년 7월, 제9호, "예수교의 조선에 준 은혜"

●

우리나라 근대 문단의 거목이었던 춘원 이광수 李光洙, 1892-1950 는 본래 동학에 심취해 있었다. 그는 일본으로 유학을 떠나 1907년 메이지학원 明治學院 에 입학했는데, 이때 친구의 권유로 기독교 신앙에 입문하게 된다. 이광수는 1910년에 조선에 건너와 남강 이승훈이 설립한 오산학교의 교사가 되면서 기독교 신앙을 더 가까이 접하게 되었다. 그는 1917년 7월 〈청춘〉이라는 잡지 제9호에 "예수교의 조선에 준 은혜"라는 글을 실었는데, ① 서양 사정 알림 ② 도덕 진흥 ③ 교육 보급 ④ 여자 지위 향상 ⑤ 조혼 폐지 ⑥ 한글 보급 ⑦ 사상의 자극 ⑧ 개성의 발견 등을 당시 기독교가 조선 사회에 끼친 긍정적 영향이라고 보았다. 이 글은 이 중에서 두 번째 '도덕 진흥'에 관한 내용이다.
오늘날 한국 교회가 이 사회를 위해 무엇을 해야 할지를 진지하게 성찰하며 글을 써 보자.

진심으로 사랑합니다

엄마를 닮은 나의 딸에게는 마지막 숨을 거두는 순간까지 그녀의
앞길을 축복하며, 부디 행복하게 살기를 기도했노라 전해 주시오.
또한 아들에게도 거듭 축복의 말을 남겼노라 전해 주오.
내 집의 행복을 걱정해 준 필립에게는 그의 앞날이 평온하기를
기도드렸노라 전해 주시오.
사랑하는 아이들이 내 죽은 모습을 한 번이라도 보고 싶어 한다면,
두 아이 모두 살아 있는 아비의 얼굴을 모를 테니
와서 보아도 괜찮겠지요.
하지만 애니만은 절대로 오지 말도록… 죽은 모습을 본다면,
먼 훗날까지도 나를 회상하며 탄식하고 괴로워할 테니까요.

❖ 알프레드 테니슨, 《이녹 아든》, 이녹의 마지막 대사

●

알프레드 테니슨 Alfred Tennyson, 1809-1892 은 빅토리아 시대를 대표하는 영국의 계관시인이다. 그의 장편 서사시 《이녹 아든》 Enoch Arden, 1864년작 은 진정한 희생적 사랑을 감동적으로 보여 준다. 어릴 적 소꿉친구였던 이녹과 필립은 모두 애니를 사랑하지만, 애니는 이녹과 결혼해 아이를 낳는다. 가족을 위해 선원이 된 이녹은 배가 난파되어 무인도에서 10년을 보내게 된다. 그 사이, 생계에 시달리던 애니는 이녹이 죽었다고 믿고 필립과 재혼한다. 기적적으로 돌아온 이녹은 아내와 필립의 행복한 모습을 보게 되고, 자신의 존재를 끝내 알리지 않는다. 1년 뒤 여관 주인 미리암에게만 정체를 밝히며 조용히 죽음을 맞는다.
이녹의 사랑은 성경이 말하는 아가페적 사랑, 즉 조건 없이 상대를 위하는 희생적 사랑을 상징한다. 그의 침묵은 가장 깊은 사랑의 표현이었다. 진정한 사랑의 이야기를 글로 써 보자.

내가 평화로우면 남에게도 평화를 준다

<u>스스로</u> 마음이 평화로운 사람은
다른 이들과도 평화롭게 지낼 수 있습니다.
그러나 자신의 내면에 평화를 이루지 못한 사람은
타인과도 평화를 이루기 어렵습니다.
이러한 사람들은 다른 이들에게 괴로움을 주며,
결국 자신에게 더욱 큰 고통을 안기게 됩니다.
반면, 마음에 평화를 지닌 사람은 타인에게도
평화를 나누어 주고자 노력할 것입니다.

✤ 토마스 아 켐피스, 《그리스도를 본받아》, 제2권

●

토마스 아 켐피스는 네덜란드 아그네텐베르크 수도원 Agnetenberg Monastery 에서 대부분의 삶을 보내며, 공동생활의 형제회 Brethren of the Common Life 의 일원으로서 경건한 삶을 실천했다. 수도원의 작은 골방에서 말씀을 가까이하며, 어지러운 세상 속에서 주님의 평화를 전하는 삶을 살았다. 그의 명저 《그리스도를 본받아》는 기독교 역사상 가장 널리 읽히는 경건서 중 하나로, 그리스도의 삶을 본받아 겸손과 순종을 실천할 것을 강조하는 중세 라틴 문학의 걸작으로 평가받고 있다.

나는 평화를 소유한 사람인가? 내 안의 평화가 깨어져 다른 사람과 다투지는 않았는지 되돌아보고, 주님이 주신 평화로 다른 이들에게 평화를 전하는 삶을 살아갈 것을 다짐하며 글을 써 보자.

어머니의 귀

우리 어머니는 세상의 소리가 거의 들리지 않습니다.
너무 청아하고 아름다운 천상의 소리가
귀를 가득 채우고 있기 때문입니다.
천국 문에 거의 다다른 어머니는 귀가 먼 것이 아니라
세상 소리가 너무 멀어져 못 들으실 뿐입니다.
아직은 천국이 멀다고 생각하고 세상에 집착하며 사는 어리석은 내가
어찌 어머니의 귀를 비정상이라 의심할 수 있겠습니까?
이 나이가 되도록 천국을 가까이하지 않고 살아서
세상의 소리가 너무 선명하게 들리는
내 귀가 병이 든 것입니다.

❖ 문성모,《어머니 우리 어머니》, "어머니의 귀"

●

문성모 목사는 2022년 어머니의 107세 생신 선물로《어머니 우리 어머니》라는 시집을 만들어 드렸다. 이 시는 어머니의 청력이 약해진 현실을 영적으로 해석하며, 죽음과 천국에 가까워진 상태를 아름답게 그려 낸다. 시인은 세상에 집착하는 자신을 반성하며, 어머니의 귀가 먼 것이 아니라 세상의 소리가 멀어졌다고 말한다. 그 시선은 죽음의 존엄성과 삶의 성찰을 함께 담아내고 있으며, 천상의 소리를 들을 수 있는 존재에 대한 경외심을 불러일으킨다. 구원의 감격 속에서 천국의 기쁨을 누리지 않고 세상의 소리에 집착하는 불신앙을 회개하는 마음으로 글을 써 보자.

어떤 상황에서도 태연할 수 있는 비결

어느 여인이 가짜 진주 목걸이를 걸고 친구들을 만났는데 한 친구가 "그 진주 목걸이 가짜 아니냐"고 하였을 때, 이 반응에 대해서도 열등감에 빠지지 않고 태연하려면 다음과 같은 상태여야 한다. 첫째로, 집에 진짜 진주 목걸이가 있을 때이다. 진짜를 두고 가짜를 차고 다니는 사람에게는 열등감이 없다. 둘째로, 물질에 대한 가치 판단이 바로 설 때이다. '목걸이 하나가 인생에서 그렇게 중요한가? 진짜를 걸고 다닌다고 인격이 향상되나? 한낱 장식품에 불과한 것이 아닌가?'라는 생각을 가진 사람의 마음속에는 불행이 있을 리 없다. 셋째로, 남이 알지 못하는 희생을 했을 때이다. 가령 진짜 진주 목걸이를 팔아서 백혈병 걸린 어린이의 치료비로 기부하고 가짜 진주 목걸이를 차고 다닌다면, 절대로 부끄러운 마음이 들 수가 없고 열등감이 생길 리도 없다.

✣ 문성모, 《사랑을 믿으세요》, "행복"

●

이 글은 2012년에 출판된 문성모 목사의 칼럼집 《사랑을 믿으세요》에 수록된 글이다. 행복은 근사한 집이나 아름다운 옷이나 건강, 사랑, 사업의 성공, 인기와 존경 등 외적 환경보다는 내적인 마음가짐에 의하여 좌우된다. 예수님을 믿는 사람은 소유에 관한 생각이 세상 사람들과 달라야 한다. 그 마음을 담아 글을 써 보자.

영혼 구원은 가장 중요한 사역이다

우리는 구원의 사람들입니다. 이것이 우리의 사명입니다.
사람들이 구원받도록 돕고, 그들이 계속 구원을 경험하며,
다시 또 다른 사람들을 구원으로 인도하도록 해야 합니다.
그렇게 함으로써 우리 자신도 더욱 이 구원의 은혜를 누리고,
온 세상이 구원의 기쁨 속에서 내면적 천국을 건설하게 될 것입니다.
그리고 마침내 우리는 저 강 건너편 언덕에 올라, 외적인 구원을
완성하게 될 것입니다. 형제들과 동역자 여러분, 영혼의 구원은
우리의 가장 중요한 사역입니다. 이것이 우리 인생의 위대한
목적이며, 반드시 이루어야 할 사업입니다. 그러므로 우리 모두
먼저 하나님의 나라를 구합시다. 그리고 진정한 구세군인이 됩시다.

❖ 윌리엄 부스, "우리의 새 이름"

윌리엄 부스 William Booth, 1829-1912 는 원래 영국 감리교회의 목사였으나, 후에 구세군 Salvation Army 을 창설하고 초대 사령관이 되었다. 그가 1865년에 창설한 구세군은 '그리스도의 좋은 군사'라는 의미를 지닌 군대식 조직을 갖추고 있었으며, 런던을 중심으로 세계 여러 지역으로 확산되었다. 부스는 19세기 후반과 20세기 초반에 걸쳐 많은 설교를 남겼으며, 그의 여러 강론 중 하나인 "우리의 새 이름" Our New Name 에서는 구세군이 지닌 영혼 구원의 강한 사명감과 열정을 강조하고 있다.
구원받은 자로서 믿지 않는 사람들의 영혼을 위하여 기도하며 글을 써 보자.

6
PART

제자의 길

외면하지 말아야 할 사람들

나는 의사로서 적도 아프리카로 가기 위해 스트라스부르크 대학의
교수직, 오르간 연주자의 자리, 그리고 문필가로서의 지위를
모두 내려놓았다. 어떻게 그런 결정을 할 수 있었을까?
나는 원시림 속 흑인들의 비참한 삶을 책에서 읽었고,
선교사들에게 이야기를 들어 그들의 현실을 알게 되었다.
그들을 생각할수록, 우리 유럽인들이 그러한 인도적 문제에
무관심하다는 사실이 점점 더 이상하게 느껴졌다. 부자와 가난한
나사로의 비유는 마치 우리를 두고 한 이야기처럼 다가왔다. …
부자는 분별없이 자신의 문 앞에 있던 가난한 자를 외면했다.
그는 가난한 자의 입장에서 생각해 보지 않았고, 마음속에서 울리는
소리에 귀 기울이지 않았기 때문이다. 그것은 우리도 마찬가지이다.

❖ 알버트 슈바이처, 《물과 원시림 사이에서》, "내가 원시림의 의사가 된 이유"

●

알버트 슈바이처는 백인 사회가 저지른 죄와 가난한 흑인들에 대한 무관심을 깊이 반성하며, 이를 속죄하는 마음으로 모든 고난을 감내하며 헌신적인 삶을 실천했다. 그의 자서전적 글을 모아 1921년 출간한 저서 《물과 원시림 사이에서》 *Zwischen Wasser und Urwald* 는 그의 삶과 철학을 담고 있는 대표적인 작품이다. 이 책의 첫머리에서 그는 '부자와 나사로의 비유'를 인용하며, 백인들이 흑인들을 돕는 것이 도덕적 의무임을 강조한다. 그는 단순한 자선이 아니라, 인류애와 책임감 속에서 실천하는 진정한 봉사와 사랑을 역설하고 있다.
그리스도인으로서 주변의 가난하고 병든 자에게 관심이 있는가? 그들에게 따뜻한 손길을 내미는 책임 있는 그리스도인이 되겠는가?

세상이 그리스도인을 미워할 때

저자가 그리스도교인이라는 이유만으로도 미워할 만해!
하지만 그것뿐인가? 그는 비열하고도 어리석게 무이자로
돈을 빌려주어 우리 베니스 대금업자들의 이자율을 떨어뜨리고
있기에 더욱 증오스러워. 만약 내 손에 저자의 약점이 한 번이라도
잡히기만 한다면, 그동안 쌓인 원한을 가차 없이 되갚아 줄 것이다.
저자는 우리 선택받은 백성을 증오할 뿐만 아니라,
상인들이 모인 장소에서도 나를 조롱하고 내 장사를 비난하거든.
내가 정당하게 모은 재산을 두고 이자라고 비난하니,
그를 그대로 둔다면 우리 민족이 저주를 받게 될 것이야!

❖ 윌리엄 셰익스피어, 《베니스의 상인》, 샤일록의 대사

●

윌리엄 셰익스피어 William Shakespeare, 1564-1616 는 영국의 극작가이자 시인으로, 세계 문학사에서 가장 영향력 있는 인물이다. 그의 희곡 《베니스의 상인》 The Merchant of Venice 은 1596년경에 집필되었다. 이 글은 《베니스의 상인》에서 유대인 고리대금업자 샤일록이 기독교인 안토니오를 증오하며 하는 대사다. 증오의 이유는 단순히 종교적 차이뿐만이 아니라, 안토니오가 무이자로 돈을 빌려주면서 대금업자들의 이자율을 낮추고 있기 때문이다. 샤일록은 이를 자신의 생계를 위협하는 행위로 받아들이며, 안토니오에게 깊은 원한을 품고 있다가 나중에 그가 돈을 갚지 못하자 계약을 위반한 죄로 죽이려고 한다.
나의 선한 행동이 비난의 대상이 된 적이 있는지 살펴보며, 그리스도인들이 세상에서 악한 자에게 당하는 손해와 핍박에 대해 상고하며 글을 써 보자.

성경을 멋대로 해석하여 악을 저지른다면…

내가 천국에 갈 수 있다고요?
천국은 백인들이나 가는 곳 아닌가요?
그곳에서 나를 받아 준다는 말씀이신가요?
난 차라리 지옥에 가는 게 더 좋겠어요.
거기서는 나리와 마님으로부터
완전히 벗어날 수 있을 테니까요.

✣ 해리엇 비처 스토,《톰 아저씨의 오두막》, 노예 프루의 대사

●

해리엇 비처 스토 Harriet Beecher Stowe, 1811-1896 는 미국의 여류 작가이자 노예 해방론자다. 그녀는 《톰 아저씨의 오두막》 Uncle Tom's Cabin 을 통해 노예제도의 잔혹함을 폭로하며 미국 사회에 큰 영향을 끼쳤다. 이 책에서 당시 남부의 목사들은 성경을 자기 멋대로 해석하면서 노예제도의 정당성을 변호했다. 그들은 모든 질서가 하나님으로부터 나온다는 성경 구절을 인용하며, 어떤 사람은 통치하기 위해 태어나고, 어떤 사람은 노예로 태어나는 것이 아름다운 질서라고 외쳤다. 주인공 톰은 노예로 고생하지만, 하나님을 경건하게 믿는 사람이다. 이 글은 톰이 다른 노예인 프루에게 하나님이 계시고 천국이 있다고 가르치면서 예수님을 믿으면 천국에 간다고 했을 때, 프루가 천국을 거부하며 하는 대사다.
그리스도인이 자신을 정당화하여 행하는 악에는 어떤 것들이 있는지 살펴보고, 그리스도인 때문에 예수님을 거부하고, 교회를 거부하고, 천국을 거부하는 사람들을 위해 기도하고 용서를 구하자.

상처받은 이웃을 위해 드리는 기도

그리스도인 때문에 상처받은 이들을 위해

기도문을 써 보세요.

하나님 사랑은 이웃 사랑으로 나타난다

기독교 사회는 우리가 진정으로 원하기 전에는 실현되지 않을 것입니다. 하지만 온전한 그리스도인이 되기 전에는 그런 사회를 원하지도 않습니다. 저는 "남에게 대접받고 싶은 대로 너희도 남을 대접하라"는 말씀을 되뇌며 실천하려 하지만, 내 이웃을 내 몸처럼 사랑하기 전에는 그 말씀을 온전히 따를 수 없습니다.
그리고 내 이웃을 내 몸처럼 사랑하려면 먼저 하나님을 사랑하는 법을 배워야 합니다. 그리고 하나님께 순종하기를 먼저 배우지 않으면 그분을 사랑할 수 없습니다.

❖ C. S. 루이스, 《순전한 기독교》, 제3장 "그리스도인의 행동"

●

C. S. 루이스는 《순전한 기독교》 제3장에서 그리스도인의 윤리적 덕목을 하나씩 열거한다. 그는 예수를 믿는 사람이라면 자신의 윤리적 삶을 그리스도께 맞추어야 하며, 이 불신의 사회에서 그리스도인답게 살아야 한다고 강조한다. 그는 성경의 덕목인 믿음, 소망, 사랑을 하나씩 다루며 실천적인 설명을 제시한다. 그는 이 글에서 이웃 사랑은 하나님 사랑으로부터 나온다고 하며 이 둘이 하나임을 강조한다.
하나님을 사랑한다고 하면서 이웃을 사랑하지 않는 신앙인의 이중적인 삶에 대해 생각해 보며 글을 쓰고, 나는 어떠한 신앙인인지 돌아보자.

정의를 넘어선 자비의 힘

055

자비는 억지로 강요할 수 있는 것이 아니다.
그것은 하늘에서 내리는 부드러운 비처럼 자연스럽게 흘러야 한다.
자비는 그것을 베푸는 사람과 받는 사람 모두에게 축복을 준다.
인간이 가진 힘 중에서도 자비는 가장 위대한 힘이며,
왕의 권력보다 더 고귀한 가치를 지닌다.
왕의 권력은 잠시 동안만 유지되지만,
자비는 그 권력을 넘어서 왕의 마음 깊은 곳에 자리 잡는다.
자비는 신의 성품과 닮아 있다. 정의와 함께할 때,
자비는 세상의 권력이 신의 뜻을 반영하게 만든다.
정의만으로는 모든 사람이 온전히 구원받을 수 없다.
그래서 우리는 자비의 마음을 품고, 자비로운 행동을
실천할 수 있도록 기도하고 노력해야 한다.

❖ 윌리엄 셰익스피어, 《베니스의 상인》, 포샤의 대사

●

윌리엄 셰익스피어 1564-1616 는 역사상 가장 영향력 있는 영국의 극작가로, 《베니스의 상인》 1596 은 16세기 이탈리아 베니스와 벨몬트를 배경으로 한다. 상인 안토니오는 친구 바사니오가 상속녀 포샤에게 청혼할 수 있도록 돕기 위해 고리대금업자 샤일록에게 돈을 빌리고, 갚지 못할 경우 살 1파운드를 내기로 계약한다. 안토니오의 배가 난파되자 샤일록은 법정에서 계약 이행을 주장하고, 포샤는 재판관으로 변장해 "피 한 방울도 흘리지 말라"는 판결로 안토니오를 구하며 자비를 훈계한다.
이 장면은 오늘날 정의만을 외치며 자비를 모르는 이들에게 강한 교훈을 준다. 예수의 제자로 산다는 것은 사랑과 자비로 약자를 품고 섬기는 삶임을 기억하며 글을 써 보자.

인간은 사랑받기 위해 태어난 존재

인간은 연약한 껍질 속에 살면서도, 마음속 깊은 곳에서는 선하게
살고 싶어 하고, 사랑받기를 간절히 바란다. 우리가 저지르는
많은 실수와 어리석은 행동들도, 어쩌면 더 쉽게 사랑받고자 하는
몸부림일지도 모른다. 죽음이 찾아왔을 때, 아무리 생전에 뛰어난
재능과 큰 영향력을 지녔다 해도, 사랑받지 못한 채 삶을 마감한다면
그 인생은 진정한 성공이라 말하기 어렵다. 그런 죽음은 사람들의
기억 속에 따뜻함보다 차가운 두려움으로 남게 된다.
결국 우리는 살아가는 동안 어떤 길을 선택할지 고민해야 한다.
다가올 죽음을 떠올리며, 세상이 우리의 죽음을 슬퍼할 만큼
의미 있는 삶을 살아야 할 것이다.

❖ 존 스타인벡, 《에덴의 동쪽》

●

존 스타인벡 John Steinbeck, 1902-1968 은 미국의 대표적인 사실주의 소설가로, 노동자와 빈민의 삶을 사실적으로 묘사한 작품을 많이 남겼다. 그의 1952년작 소설 《에덴의 동쪽》 *East of Eden* 은 성경의 가인과 아벨 이야기를 바탕으로 인간 내면의 선악 간의 갈등, 가족 간의 갈등과 화해, 자유의지와 도덕적 책임 등의 주제를 깊이 있게 탐구한 작품이다. 이 책은 캘리포니아의 살리나스 계곡을 배경으로 두 가족, 트라스크 가문과 해밀턴 가문의 이야기를 중심으로 전개된다.

인간은 사랑과 관심을 받아야 사는 존재다. 우리가 어떤 삶을 살든, 단순한 생존이 아니라 세상에 의미 있는 영향을 남기는 삶을 살아야 한다.

오른손이 하는 일을 왼손이 모르게

사람이 은혜를 베풀 때 안으로 자신을 의식하지 않고,
또 밖으로 상대방을 의식하지 않는다면,
한 알의 곡식도 만 섬의 은혜가 된다.
하지만 남을 돕는 사람이 자신의 선행을 따져
보상을 기대한다면,
비록 아무리 많은 재산을 들인다 해도
한 푼의 공덕을 이루기 어렵다.

❖ 홍자성, 《채근담》, 전집, 제52장

●

《채근담》菜根譚 은 명나라 말기 홍자성 洪自誠 이 1610년경 저술한 책으로, 전집 225장과 후집 134장으로 구성되어 있다. 전집에서는 현실을 살아가면서도 집착하지 않는 마음가짐과 처세를 다루며, 후집에서는 자연과 함께하는 풍류를 주제로 삼고 있다. 평범한 일상 속에서 쉽게 지나칠 수 있는 지혜를 일깨워 주며, '세상 속에서 살되 비루함과 천박함에 빠지지 않도록' 돕는다.
구제를 실천할 때, "오른손이 하는 일을 왼손이 모르게 하라"는 주님의 말씀을 떠올리며 마 6:3, 《채근담》의 가르침을 써 보자.

기도는 노동, 노동은 기도

병을 고치려면 용한 의사를 찾아가고, 장사를 잘하려면 손님에게 친절하게 하고 남보다 좋은 물건을 싸게 팔아야 한다. 대학 시험에 합격하려면 열심히 공부를 해야 하고, 아기를 갖고 싶으면 산부인과 의사를 찾아가서 의논하는 것이 훨씬 슬기로운 짓이다. 하나님은 우리 인간에게 하나님 다음가는 지혜와 총명과 인격을 주셨다. 자기 스스로 노력하기에 따라서 얼마든지 남에게 뒤지지 않는 능력을 발휘할 수 있다. 성경에도 "너희가 손발이 닳도록 일하지 아니하면 먹을 것을 얻지 못하리라" 하셨다. 주어진 능력대로 움직여서 살아갈 생각은 아니하고 모든 것을 하나님에게만 의지하려는 생각부터 고쳐먹어야 한다.

❋ 김용기, 《조국이여 안심하라》, 5. "참된 종교관을 가져야 한다"

●

가나안농군학교를 세운 김용기 金容基, 1909-1988 장로는 평생 나라와 민족을 위해 기도했다. 그는 매일 새벽 4시부터 6시까지, 오후 4시부터 6시까지 하루 두 번, 네 시간씩 나라와 민족을 위해 기도했다. 그가 매일 올라가 기도했던 구국기도실에는 좌우 기둥에 "조국이여 안심하라", "온 겨레여 안심하라"라는 글자가 새겨져 있다. 그는 기도와 노동을 병행하며 한국 교회의 존경받는 어른으로 살아갔다. 기도에 치중하여 신비주의에 빠지지 않았으며, 노동만을 강조하여 영성을 잃어버리지도 않았다.
바른 신앙인의 모습은 어떠해야 하는지를 충분히 묵상한 후 필사해 보자.

말과 행동을 통해 삶으로 전도하자

예수의 종교를 전하는 사람에게 이것은 얼마나 무미건조하고도 두려운 일인가. 만약 학교에서 아침과 저녁 예배나 주일 설교를 할 수 없게 된다면, 선교소장은 자신이 선교사라는 사실을 잊어버릴지도 모른다. 그러나 그가 이러한 환경 속에서도 기독교적인 친절과 관용을 실천할 수 있다면, 그 자체로 가장 큰 영향력을 발휘할 것이다. 그의 말 없는 설교가 곧 선교소의 정신적 지향점을 형성하게 되는 것이다.

❖ 알버트 슈바이처, 《물과 원시림 사이에서》, 선교에 관하여, 선교사무소의 생활

●

아프리카 가봉의 랑바레네에서 의사 생활을 한 알버트 슈바이처 Albert Schweitzer, 1875~1965 박사는 그곳 선교사무소에서 있었던 일들을 자서전 《물과 원시림 사이에서》에 상세히 기록했다. 슈바이처는 선교사가 복음을 전하는 본래의 사명보다 배로 들어오는 물품을 정리하고 관리하며 도난을 방지하는 등의 잡무에 지나치게 많은 시간을 빼앗기는 현실을 비판했다. 어느 날, 사정상 물품을 실은 배가 도착하지 않았을 때, 선교사가 마치 할 일이 없는 듯 멍하니 시간을 보낸다면 이는 선교사의 본분을 잊어버린 것이라고 그는 주장한다. 슈바이처는 선교가 단순히 구제나 예배를 통해 이루어지는 것이 아니라, 생활 속에서 말과 행동을 통해 복음을 전하는 것임을 강조했다.

코로나19 팬데믹 같은 상황에서 교회는 예배를 비롯한 모든 선교 활동에 제약을 받았다. 그러나 교회의 기능이 마비된 상황에서도, 슈바이처의 주장대로라면 성도들 개개인이 생활 속에서 말과 행동으로 복음을 전할 수 있었다. 나는 삶으로 복음을 실천하고 있는가?

진정한 자선은 무엇인가

메노나이트(Mennonite) 교회는 종교개혁 후 16세기에 스위스에서 시작된 개혁교회의 한 교파로 성경대로 살기 위해서 속세를 떠나 농부로서 순수하고 검소한 생활을 하려고 노력하는 사람들이다. 예배를 드리고 2~3일 동안 그 교인들 집에서 지내면서 들은 이야기이다. 그 교회 교인 중 모지스 스톨츠포스(Moses Stoltsfos)라는 사람은 자기 농장에 농기구를 저장하는 창고를 99야드 길이로 지었다고 한다. 호기심으로 우리는 왜 하필이면 100야드 대신 99야드로 지었느냐고 물었다. 그는 바로 옆집 농장이 그 마을에서 제일 큰 100야드로 지었기 때문에 그의 자존심을 상하게 하지 않기 위해서라고 대답했다. 얼마나 이웃을 사랑하며 아끼는 사람인가! 나는 그 당시 목사가 되려고 준비 중이었다. 그래서 그런지 그 이야기는 귀한 은혜가 되었다.

❖ 매튜 황, 《꿈따라 사랑따라 사명따라》

●

매튜 황 목사는 미국 유학 시절, 서울코랄 지휘 박재훈 단원으로 미국 동부 순회 연주 중 펜실베이니아 랭커스터 근처의 메노나이트 교회 교인 모지스 스톨츠포스의 집에서 민박하며 감동적인 이야기를 들었다. 그 교인은 자신의 농장 창고를 100야드가 아닌 99야드로 지었다. 바로 옆집 창고가 100야드였기 때문에 이웃의 자존심을 배려해 자신은 1야드를 줄인 것이다. 흔히 사랑은 '주는 것'이라고 생각하지만, 진짜 사랑은 '이웃을 배려해 나의 것을 내려놓는 것'에서 시작된다. 경쟁이 일상이 된 지금, 나는 주님의 제자로서 과연 얼마나 이웃을 배려하며 살아가고 있는지 생각해 보자.

인간다움을 회복하기를 바라는 마음

결과적으로, 기독교는 잔인한 행동이나 배신 행위에 대한 미움을 줄이라고 말하는 것이 아닙니다. 우리는 그러한 일을 마땅히 미워해야 합니다. 그리고 그것이 나쁘다고 했던 입장을 철회할 필요는 없습니다. 그러나 기독교는 그러한 일을 미워할 때도 자기 자신에게서 동일한 것을 발견했을 때와 같은 방식으로 미워하라고 가르칩니다. 즉 그 사람이 왜 그런 행동을 할 수밖에 없었는지에 대해 안타까워하며, 그가 어떻게든 치유되고 자신의 인간다움을 회복하기를 바라는 마음으로 미워하라는 것입니다.

❖ C. S. 루이스, 《순전한 기독교》, 제3장 "그리스도인의 행동"

●

C. S. 루이스 Clive Staples Lewis, 1898-1963 는 악한 자와 원수를 미워하는 법을 설명한다. 미움의 감정을 줄이라는 것이 아니라 자신에게 동일한 행동과 성격이 있음을 발견했을 때, 스스로를 어떻게 미워할 것인가를 생각하며 그 방식으로 사람을 미워해 보라는 것이다. 그 사람의 입장이 되어 보는 것, 그의 치유와 인간다움의 회복을 바라는 마음을 놓지 말라는 것이다. 즉 죄는 미워하되 죄인을 미워하면 안 된다는 것이다.
"악에게 지지 말고 선으로 악을 이기라" 롬 12:21 라는 말씀을 중심으로 악한 자를 어떻게 대할 것인가를 묵상하며 글을 써 보자.

신앙의 성취와 인간 행복 사이

062

오, 하나님! 그 영혼보다 더 당신께 합당한 영혼이 어디 있겠습니까?
그는 저를 사랑하는 것을 넘어, 더 높은 목적을 위해 태어난 존재가
아닌가요? 그러므로 그가 저로 인해 걸음을 멈춘다면,
저는 오히려 그를 더 깊이 사랑할 수밖에 없지 않겠습니까?
행복 속에서 영웅적일 수 있는 모든 것이 얼마나 위축되고 있는지요!
… 주여, 제가 스스로 도달할 수 없어 단념해 버린 덕의 정상까지라도
그가 오를 수 있도록, 그리고 저의 그를 향한 사랑의 갈망을 일기장
속에서나마 때때로 발견할 수 있도록 해 주소서.

❖ 앙드레 지드, 《좁은 문》

●

앙드레 지드 André Gide, 1869-1951 는 프랑스를 대표하는 소설가이자 비평가로, 1947년 노벨 문학상을 수상하며 문학적 업적을 인정받았다. 1909년에 발표된 그의 소설 《좁은 문》 *La Porte Étroite* 은 신앙과 사랑 사이에서 갈등하는 인물들의 이야기를 담고 있다. 주인공 제롬은 사촌 알리사를 사랑하지만, 알리사는 "좁은 문으로 들어가라" 마 7:13 는 성경 말씀을 삶의 기준으로 삼으며 세속적 행복보다 영적 순결을 추구한다. 그녀는 사랑이 결국 불행을 낳을 것이라 믿고 제롬과의 관계를 거부하며 스스로 고통을 선택한다. 알리사는 사랑을 통한 행복보다 신앙적 완성과 자기희생을 택하며, 죽은 뒤 제롬이 자신의 일기를 통해 진심을 알아주길 바란다.
신앙적 성취와 인간적인 행복 사이에서 갈등한 경험이 있는가? 내가 알리사의 입장이라면 어떤 결정을 했을지 생각하며 글을 써 보자.

악을 이기는 사랑의 힘

두 사람은 말을 하려 했지만, 말문이 닫힌 채 눈물이 고여 있었다.
… 그들은 창백하고 여위었지만, 회복기에 접어든 그들의 파리한
얼굴에는 새로운 미래의 새벽이 비쳤다. 완전한 부활의 아침 햇살이
그들에게 새 삶의 가능성을 열어 주고 있었다. 그들을 부활시킨 것은
다름 아닌 사랑이었다. 두 사람의 가슴속에서는 무한한 생명의 샘이
솟구치고 있었다. 비록 7년이라는 세월이 남아 있었지만,
그들은 참을성 있게 기다리기로 결심했다. 그 7년 동안 얼마나 많은
참기 힘든 괴로움과, 또 무한한 행복이 기다리고 있을까!
하지만 무엇보다 중요한 것은, 그들이 다시 살아났다는 것이다.
그는 그것을 자신의 존재 전체로 또렷이 느끼고 있었다.

❖ 표도르 도스토옙스키,《죄와 벌》

●

표도르 도스토옙스키 Fyodor Dostoevsky, 1821-1881 의 소설《죄와 벌》의 서두에서 라스콜리니
코프는 한 노파를 목적을 위한 수단으로 여기며 살해한다. 그러나 소설의 마지막에서 그는
전에 죽인 노파처럼 자기 스스로가 무가치하고 버려진 존재로 전락했다고 느끼지만, 그런
자신을 끝까지 믿고 사랑한 소녀의 헌신에 감동한다. 그녀의 사랑은 그의 가슴 깊은 곳에 회
개의 불씨를 피워 과거의 잘못을 진정으로 뉘우치고, 새로운 삶을 찾게 한다. 소냐 역시 그의
사랑을 확인하며 눈물을 흘리고, 그들의 삶에는 부활의 아침처럼 새로운 희망이 찾아온다.
사랑으로 누군가의 삶에 광명을 비춘 적이 있는가? 사랑을 통해 새로운 희망을 얻은 경험이
있는가? "사랑이 악을 이긴다"는 말을 깊이 묵상하며, 사랑의 본질과 그 힘에 대해 생각해
보자.

죽을힘을 다해 전도해 본 적이 있는가?

최봉석 목사는… 어떤 날은 배가 고파 기진맥진하여 논두렁길 곁에 쓰러져 기절을 하였는데, 정신을 차린 후에 물속에 있는 올챙이와 물고기를 잡아먹고 기운을 회복하여 동네에 들어가 전도하였다고 한다. 한번은 최봉석 목사가 벌판을 가다가 힘이 없고 지쳐서 길가에 쓰러져 깊은 잠이 들었는데 깨어 보니 아침이었다. 누워 있는 그의 옆으로 소가 지나가면서 똥을 눴는데, 그 쇠똥 속에 노란 콩알이 보였다. 그는 그 콩을 모두 집어서 껍질을 벗기고 주워 먹고 기운을 차린 후에 기도하였다. "예수님, 소똥에서 익은 콩이 나와 먹고 이제는 힘이 났으니 복음을 전할 수 있는 곳으로 데려다주십시오."

❖ 문성모, 《한국교회 설교자 33인에게 배우는 설교》, "최봉석 목사의 설교"

●

최봉석 崔鳳奭, 1869-1944 목사는 평양에서 출생했다. 그의 별명은 최권능 목사였다. 그는 1903년에 감리교의 노블 W. A. Noble 선교사에게 세례를 받았는데, 그 무렵 하늘에서 내린 벼락불에 맞아 죽는 꿈을 꾸었다고 한다. 그는 그때부터 불같은 열정으로 전도하기 시작했는데, 만나는 사람들에게 "예수 천당!"이라고 외친 다음 전도했다. 그는 목사가 된 후 1914년부터 만주로 건너가서 12년 동안 전도 활동을 했고, 1926년에 귀국해서는 길선주 목사의 도움으로 강동교회와 산정현교회를 섬기면서 "예수 천당!" 한마디로 설교하고 전도했다. 그가 평생 개척하여 세운 교회의 수는 무려 74개나 되었다.

주님은 제자들에게 땅 끝까지 복음을 전하라고 명하셨다. 그 말씀대로 복음을 전하고 있는지 생각하며 글을 써 보자.

순교자가 뿌린 복음

그동안 토마스 목사는 두 무릎을 모래사장에 꿇고 머리를 숙여 땅에 댄 후 얼마 동안 최후의 기도를 올리고 다시 일어나서 군인에게 성경 받기를 권하였다. 그러나 그 군인은 그의 말을 충분히 이해하지 못하였을 것도 사실이려니와 환경이 그것을 허락지 않는지라, 마침내 칼을 그 가슴에 대어 하나님의 충복 토마스의 귀한 생명을 빼앗고 말았다. … 아무리 흉기를 들어 그 가슴을 찌른 군인이라도 그가 던져 준 성경을 집어 가지고 가서 자기 가족 모두에게 "내가 서양 사람을 죽이는 중에 한 사람을 죽인 것은 내가 지금 생각할수록 이상한 감이 있다. 내가 그를 찌르려고 할 때에 그는 두 손을 마주 잡고 무슨 말을 한 후 붉은 표지를 한 책을 가지고 웃으면서 나에게 받으라고 권하였다. 그러므로 죽이기는 하였으나 이 책을 받지 않을 수 없어서 받아 왔노라"라고 하였다.

❖ 오문환, 《토마스 목사전》

●

로버트 저메인 토마스 Robert Jermain Thomas, 1840-1866 목사는 한국 최초의 개신교 순교자로 알려져 있다. 그는 영국 웨일스에서 태어나 1865년 처음으로 조선에 입국해 성경을 나누며 복음을 전했다. 이듬해인 1866년, 미국 상선 제너럴셔먼호를 타고 다시 조선에 들어왔으나, 제너럴셔먼호는 대동강에서 공격을 받아 침몰했고 토마스 목사는 배에서 탈출한 뒤에도 성경을 나누며 복음을 전하다가 순교하였다. 그는 대동강변에서 26세의 나이로 생을 마감했으며, 마지막 순간까지도 집행 군인들에게 복음을 전하며 하나님께 감사의 기도를 올렸다. 토마스 목사의 순교 현장을 마음에 그리며 글을 써 보자.

주님을 위한 헌신은 결코 헛되지 않다

또한 당시 11세 소년인 최치량 씨도 자기 숙부에게 이끌려 양란 구경을 나갔다가 토마스 목사가 뿌리는 한문 성경 세 권을 얻어 가지고 귀가하였으며 … 당시 본부청수(本府廳守)로 있던 박영식(朴永植)은 다른 사람이 버리려는 성경을 전부 모아서 대동문 내에 있는 자기의 집 벽을 도배하는 데 사용하였다. 앞에서 기록한 최치량 씨는 후에 그 집을 사 가지고 여관을 경영하던 중 원두우 목사, 마포삼열 목사, 한석진 목사가 처음 평양에 와서 바로 그 여관에 투숙하면서 전도하기를 시작하였다. 최치량 씨는 평양 최초 교인 중의 한 사람으로 조선 기독교의 원로인 동시에 지금은 평양부 밖 오촌교회(鰲村敎會) 장로로 재직하면서 교회를 위하여 진력하는 중이다.

❖ 오문환,《토마스 목사전》

●

우리나라 최초의 개신교 순교자 토마스 목사는 순교하는 중에도 성경을 사람들에게 뿌리고 복음을 전하였다. 당시 열한 살 소년이었던 최치량은 토마스 목사가 뿌린 성경 몇 권을 주워 들었다. 그리고 무장 武將 이었던 박영식은 성경을 모아 한 장씩 뜯어 집의 벽지로 사용했다. 이후, 박영식의 집을 최치량이 사서 여관으로 사용했는데, 이 집이 평양 최초의 교회인 널다리골 예배당이 되었고, 나중에는 평양대부흥의 중심지였던 장대현교회로 발전했다. 비록 순교자 토마스 목사 자신은 몰랐지만, 그의 죽음은 결코 헛된 것이 아니었다.《토마스 목사전》은 오문환 장로가 1928년 국한문 혼용으로 출판한 책으로, 이를 남청 장로와 문성모 목사가 현대어로 번역하고 공동 편집하여 2020년에 새롭게 출간하였다.
주님을 위한 우리의 헌신과 믿음의 행위는 헛되지 않다는 마음으로 글을 써 보자.

참된 목자는 사람들을 구세주께 인도한다

심성이 경건하고 고결한 교구 신부가 어느 마을에 있었다.
비록 가난했으나, 그의 마음과 행실은 누구보다도 풍요로웠다.
그의 교구는 넓었고, 교구민들의 집은 서로 멀리 떨어져 있었지만,
비가 오나 천둥이 치나, 병들었을 때나 슬픔을 겪을 때나,
그는 지위 고하를 따지지 않고 지팡이를 손에 들고 걸어서
그들을 찾아갔다. 가장 먼 곳까지 기꺼이 발걸음을 옮기며,
높은 자든 낮은 자든 차별 없이 그들을 보살폈다. …
그는 참된 목자로 영혼을 돌보는 일에 헌신했다.
사람들을 가르칠 때도 죄지은 자들을 업신여기거나 거만한 태도를
보이지 않았다. 오히려 깊은 온정으로 그들을 품고,
따뜻한 가르침으로 진리를 전했다.
그의 사명은 단순한 교훈을 전하는 것이 아니라,
스스로 아름다운 행실을 보여 주어 사람들을
천국과 구세주께로 인도하는 것이었다.

✣ 제프리 초서, 《캔터베리 이야기》, 서곡

●

제프리 초서 Geoffrey Chaucer, 1343-1400 는 영국 문학의 아버지로 불리는 중세의 대표적 시인이자 작가다. 그의 작품 《캔터베리 이야기》 Tales of Caunterbury 는 29명의 순례자가 캔터베리로 향하는 여정 속에서 각자의 이야기를 들려주는 형식으로 진행된다. 이들은 다양한 직업과 계층을 대표하며, 이야기 속에는 풍자와 해학, 도덕적 교훈이 담겨 있다. 초서는 이를 통해 중세 영국 사회를 비판하고 인간 본성을 탐구했으며, 특히 이상적인 성직자의 모습을 정직하고 경건하게 묘사하였다.
이 글을 쓰며 세상과 교회를 섬겨야 하는 나의 모습을 점검해 보자.

하나님이 알아주신다

교회의 지도자는 '섬김의 종'이라는 자세로 시작하는 성직이다.
성도들은 사람이 북적거리는 교회당에 와서 은혜받는 사람들이지만,
교회의 지도자는 텅 빈 교회당에 혼자 앉아서 고독을 느끼며
기도하고 우는 사람이다. 교인들은 할 말을 다 하는 사람들이지만,
교회의 지도자는 말을 아끼고, 공동체의 유익을 위하여 때로는 말을
각색해야 하는 사람들이다. 지도자는 적을 친구로 만들어야 하며,
거친 목소리에 대하여 부드러운 음성으로 응수해야 한다. …
교회의 생존과 부흥을 위하여 흘린 지도자의 눈물은 혼자만이
간직하고 있어야 값어치가 있다. 남이 모르는 희생의 보화가
가슴속에 있어야 지도자다. 교인들은 살기 위하여 교회에 나오는
사람들이지만, 지도자는 죽을 각오로 일하는 사람들이다.

❖ 문성모, 《사랑을 믿으세요》, "지도자의 고독"

●

교회 지도자는 목사나 장로라는 직책으로 얻어지는 자리가 아니다. 이 글에서와 같은 정신만 있으면 누구나 지도자이며, 이 정신이 없으면 지도자의 위치에 있어도 성도일 뿐이다. 지도자를 괴롭히지 않고, 스스로 지도자의 정신으로 사는 사람이 많은 공동체는 평안하다. '교회에 참된 지도자가 있는가' 돌아보고 기도하는 마음으로 글을 써 보자.

복음의 능력

그러나 그러한 반대와 부정적인 평가에도 불구하고 교회는 빠르게 앞으로 나아갔다. 하나님께서는 가장 거대한 저항 세력조차도 사랑하시는 듯하다. 왜냐하면 어떤 세력들이 하나님께 대항하여 성벽을 쌓을 때 오히려 그분의 능력이 더욱 분명하게 드러나기 때문이다. 이러한 저항 속에서도 교회는 걸어왔고, 그 결과 오늘날 한 교회의 모임에서는 왕족, 우물 파는 사람, 고위 관료, 외교관, 백정, 상인, 뛰어난 지식인, 가난한 사람, 부자, 아리마대 요셉, 맹인 바디매오, 교육가, 학생, 법조계 인사, 퇴직 관리, 사회적 약자 등 다양한 계층의 사람들을 찾아볼 수 있다. 복음은 모든 사회적 계층에 들어가 온갖 반대를 극복했으며, 사람들을 구원하는 강력한 힘이 있음을 증명해 보였다. 개척 사역에는 많은 어려움이 따랐지만, 그만큼 큰 보람도 있었다.

❖ 제임스 게일, 《1909, 전환기의 한국》, "개척적 선교 방법"

●

제임스 게일 James Scarth Gale, 1863-1937 은 캐나다 출신 장로교 선교사로, 성경 번역과 찬송가 편찬, 교육 기관 설립 등을 통해 한국 기독교 발전에 크게 기여했다. 그의 저서 《1909, 전환기의 한국》에는 조선 선교 활동의 어려움과 함께, 당시 한국 교회가 왕족부터 백정까지 다양한 계층에게 복음을 전했던 내용이 담겨 있다.
초기 선교사들이 조선에서 겪은 고난을 되새기며, 그리스도인들은 교회 내 계층 간의 조화와 평화를 위해 겸손과 섬김의 자세로 살아가야 한다. 교회 안의 계층적 갈등을 극복하며, 화평의 사람이 되겠다는 결단으로 글을 써 보자.

7
PART

신앙과 이성의 조화

무한과 허무, 두 심연 사이의 인간

자기 자신을 깊이 들여다보는 사람은 두려움을 느낄 것이다. 그는 자연이 부여한 존재의 무게 속에서, 무한과 허무라는 두 심연 사이에 서 있는 자신을 바라보며, 그 경이로움 앞에서 전율하게 될 것이다. … 결국, 인간이란 자연 속에서 무엇인가? 무한 앞에서는 허무이고, 허무 앞에서는 전체이다. 인간은 이 두 극단의 중간에 놓인 존재이다. 양극을 이해하는 데서 무한히 동떨어져 있는 인간에게는, 사물의 종극도 그 근원도 헤아릴 수 없는 비밀 속에 숨겨져 있다. 인간은 자신이 벗어난 허무도, 자신이 삼켜질 무한도 제대로 바라볼 수 없다. 만물은 허무에서 태어나 무한을 향해 나아간다. 누가 이 놀라운 움직임을 따라갈 수 있는가? 그 경이로움의 창조자는 모든 것을 알고 있지만, 그 외의 그 누구도 알 수 없다.

❖ 블레즈 파스칼,《팡세》, 단상 390장

●

블레즈 파스칼 Blaise Pascal, 1623-1662 은 프랑스의 수학자, 물리학자, 철학자, 그리고 신학자로서 다양한 분야에서 중요한 업적을 남긴 인물이다. 그가 남긴《팡세》 Pensées 는 924편의 단상 斷想 을 모은 것으로, 그의 사후 유족과 친척들이 1670년에 출간했다. 파스칼은 이 글에서 인간은 무한과 허무 사이에 위치한 존재이며, 유한한 육체를 지녔지만 무한을 갈망하는 정신을 가지고 있다고 말한다. 인간은 우주 앞에서 교만할 수 없다. 아는 것이 없기 때문이다. 그렇다면 우주를 창조하신 하나님 앞에 인간이 무엇을 안다고 교만할 수 있는가? 이 세상을 창조하신 하나님만이 모든 것을 알고 계신다는 믿음으로 위대하신 하나님 앞에 나를 비교하며《팡세》를 써 보자.

생각해야 인간이다

071

인간은 자연 속에서 가장 연약한 존재, 한 줄기 갈대에 불과하다.
그러나 그는 '생각하는' 갈대이다. 인간을 무너뜨리기 위해 우주의
거대한 힘이 필요하지 않다. 한 줄기 바람, 한 방울의 물로도
충분하다. 하지만 인간은 그럼에도 고귀하다. 왜냐하면 그는 자신의
죽음과 우주의 압도적 위대함을 '깨달을' 수 있기 때문이다.
우주는 아무것도 알지 못한다. 인간의 존엄성은 바로 이
'사유'(思惟)에서 비롯된다. 우리가 존재의 가치를 찾고 스스로를
드높여야 할 이유는 공간과 시간의 무한함 때문이 아니라,
바로 사고의 힘 때문이다. 깨어 있는 생각으로 살아가자.
그것이 곧 도덕의 원리다.

✤ 블레즈 파스칼, 《팡세》, 단상 391장

●

블레즈 파스칼 Blaise Pascal, 1623-1662 의 《팡세》는 '생각들'이라는 뜻으로, 기독교 신앙을 변증하기 위해 남긴 단편적인 메모와 노트들을 모은 것이다. 그는 "인간은 생각하는 갈대"라는 말에서 인간을 두 가지로 설명한다. 첫째, 인간은 죽음과 고통에서 벗어날 수 없는 유한한 존재다. 둘째, 인간은 자신의 비참함을 깨달을 수 있다는 점에서 위대하다. 인간은 갈대처럼 약하지만, 우주보다 위대하다. 왜냐하면 그는 사유할 수 있기 때문이다. 파스칼은 올바른 사유를 통해 도덕적으로 살아야 하며, 그 생각은 하나님을 향해야 한다고 말한다.
나는 갈대처럼 연약한 존재이지만, 생각할 수 있기에 존귀한 존재다. 하나님의 자녀이자 존엄함을 지닌 존재로서, 올바르게 생각하는 것이 무엇인지 깊이 고민하며 글을 써 보자.

영원하신 하나님을 선택하라

하나님은 존재하거나 존재하지 않는다.
선택해야 하므로, 손실이 적은 쪽부터 따져 보자. …
우리가 반드시 선택해야 한다면, 어느 쪽에 내기를 걸겠는가?
만약 하나님이 존재한다면, 모든 것을 얻는다.
존재하지 않는다면, 아무것도 잃지 않는다.
따라서 하나님이 존재한다는 쪽에 내기를 거는 게 합리적이다.
이 두 경우의 가치는 (이쪽이든 저쪽이든) 무한하다.

❖ 블레즈 파스칼, 《팡세》, 단상 233장

●

블레즈 파스칼 Blaise Pascal, 1623-1662 은 인간 존재의 한계를 인정한 채, 신앙을 이성과 확률의 문제로 접근했다. 그의 '내기' 이론은 단순한 종교적 권유가 아니라, 합리적인 선택의 문제로서 하나님을 믿는 것이 왜 손해가 아니며 오히려 유리한지를 설명한다. 파스칼은 이익과 손실을 저울질하며, 신앙의 가치를 무한으로 평가한다. 믿음은 단순한 종교적 행위가 아니라, 불확실한 상황 속에서 최선의 선택을 도출해 내는 합리적 판단이라는 것이다. 파스칼은 수학자답게 신을 믿는다는 것은 무모한 도박이 아니라, 최악의 경우에도 손해가 없는 내기라고 일러준다.
하나님을 믿는다는 것은 영원하고 무한한 가치를 소유한 것임을 깨닫고 감사하는 마음으로 파스칼의 《팡세》를 따라 적어 보자.

하나님이 내버려두시는 이유

그분께서는 저들이 저지르는 일을 모두 보고 계신가?
왜 이런 일이 벌어지도록 내버려두시는 걸까?
저들은 성경이 자신들을 옹호한다고 주장한다. …
저들은 이 불쌍한 사람들을 사고팔며,
그들의 피와 눈물과 고통마저 거래하고 있다.
그런데도 하나님은 그들을 벌하지 않고
묵묵히 지켜보고 계신다.

❖ 해리엇 비처 스토, 《톰 아저씨의 오두막》, 오거스틴의 대사

●

미국의 여류 작가 해리엇 비처 스토 Harriet Beecher Stowe, 1811-1896 는 《톰 아저씨의 오두막》 Uncle Tom's Cabin 을 통해 노예제도의 잔혹함을 폭로하며 미국 사회에 큰 영향을 끼쳤다. 스토가 1852년에 발표한 이 소설은 미국의 노예제도를 강하게 비판하며 남북전쟁의 기폭제 역할을 했다고 평가받는 작품이다. 소설의 18장 이하에서 노예제도를 반대하는 오거스틴이 사촌 누이들과 토론을 하며 하나님의 침묵에 대하여 위와 같이 울분을 토로한다.
세상의 불의와 악한 자의 악행에 대하여 과연 하나님은 침묵하실까? 역사의 주관자는 하나님이시다. 고통의 문제를 고민하며 이 글을 써 보자.

고통받는 자들을 위한 기도

세상에서 여러 가지 문제로 고통받는 이들을 위해
하나님께 드리는 기도문을 써 보세요.

악인의 심장을 향해 화살을 겨누신다

바울이 "원수 갚는 것이 내게 있으니 내가 갚으리라"(롬 12:19) 할 수 있음도 정의의 재판장이신 하나님의 화살을 이해했기 때문이다. 우리는 종종 하나님의 심판이 오지 않는다, 더디다 하지만 37편 시인의 권고와 같이 악인 때문에 우리는 불행하거나 원망할 수 없다. 하나님은 이미 화살로 겨냥하고 계신다. 악한 사람은 순식간에 넘어질 수밖에 없다. 다만 "의인은 하나님을 믿고 그의 역사 계획을 의지하고 오히려 기뻐하며 자기의 정직만 지키며 자랑하고 사는 것이 우리의 할 일이라"고 이 시인은 가르친다.

✢ 김정준, 《시편 명상》, 제64편 "하나님의 화살"

●

김정준 金正俊, 1914~1981 박사는 평생 시편 연구를 전문으로 하는 구약학자로 살았고, 한국신학대학 학장을 역임하였다. 그는 시편 64편을 주해하며 신학적 통찰을 설교 형식으로 풀어냈다. 악인이 형통하고 의인이 고난받는 현실 속에서 하나님은 침묵하시는 듯 보인다. 그렇다면 우리는 어떻게 해야 할까? 시편 기자는 말한다. 하나님은 이미 악인의 심장을 향해 화살을 겨누셨다. 비록 우리가 원하는 때에 그 화살이 날아오지 않는다 할지라도, 하나님의 정의의 칼날은 반드시 번쩍이며, 공의의 화살은 악인을 향해 겨냥하고 있다. 오늘날도 악인이 승승장구하는 듯한 일이 많다. 그러나 하나님의 화살은 이미 그를 정조준하고 있다. 이 글을 쓰면서 시편 64편도 깊이 묵상해 보자.

하나님 안에 거하는 사람은

사람들은 마치 자신에 대한 염려 속에서 살아가는 것처럼 보이지만, 사실은 오직 사랑으로 살아가고 있다는 것을 이제야 깨닫게 되었다. 사랑 안에 거하는 사람은 하나님 안에 있고, 그 안에 하나님께서 계신다. 왜냐하면 하나님은 곧 사랑이시기 때문이다.

✤ 레프 톨스토이, 《사람은 무엇으로 사는가》, 천사의 대사

●

러시아의 대문호 레프 톨스토이 Leo Tolstoy, 1828-1910 의 단편 소설 《사람은 무엇으로 사는가》 What Man Live By 는 미가엘 천사가 벌을 받고 지상으로 떨어지면서 시작된다. 헐벗고 굶주린 그를 구두장이 시몬이 거두어들이고 함께 살면서, 미가엘은 중요한 가치를 깨닫게 된다. 그는 한 여인이 고아가 된 아이들을 돌보는 모습을 보고, 인간은 단순히 생존을 위해 사는 것이 아니라 사랑을 통해 살아간다는 사실을 깨닫는다. 결국 '사랑'이 사람에게 가장 중요한 가치임을 깨달았을 때, 미가엘은 하나님으로부터 용서받고 다시 천국으로 올라간다. "하나님은 사랑이시라 사랑 안에 거하는 자는 하나님 안에 거하고 하나님도 그의 안에 거하시느니라." 요일 4:16 인간의 삶에서 사랑이 가장 소중하다는 사실을 기억하자.

죽음도 사랑은 이기지 못한다

세상에는 강한 것이 열두 가지 있다. 첫째는 돌이다. 그러나 돌은 쇠에 깎인다. 쇠는 불에 녹고, 불은 물로 꺼진다. 물은 구름에 흡수되고, 구름은 바람에 날린다. 하지만 바람도 인간을 날려 버리지는 못한다. 그러나 인간도 괴로움 앞에서는 참혹하게 무너진다.
괴로움은 술로 다스릴 수 있지만, 술의 힘도 잠을 자면 사라진다.
하지만 잠은 죽음만큼 강하지 못하다. 그러나 죽음도 사랑을 이기지 못한다.

❖ 《탈무드》

●

《탈무드》 *Talmud* 는 유대교의 중요한 경전으로, 유대인의 종교적·법률적·도덕적 가르침을 담고 있다. 랍비 유대교의 핵심 문헌인 《탈무드》는 미쉬나 Mishnah 와 게마라 Gemara 로 구성되며, 바빌로니아 탈무드와 예루살렘 탈무드로 나뉜다. 단순한 율법서가 아니라 철학, 역사, 윤리, 논쟁을 포함하는 방대한 지식의 보고로서 유대인의 삶과 신앙을 형성하는 데 중요한 역할을 해 왔다. 이 글은 세상의 힘과 그 한계를 비교하며, 결국 가장 강한 힘은 사랑임을 강조한다. 사랑은 단순한 감정을 넘어 삶을 변화시키고 극복하게 만드는 본질적인 힘이다. 그 어떠한 힘도 사랑을 초월할 수 없으며, 사랑은 심지어 죽음보다 더 강하다.
성경은 말한다. "그런즉 믿음, 소망, 사랑, 이 세 가지는 항상 있을 것인데 그중의 제일은 사랑이라." 고전 13:13 믿음은 우리를 지탱하고, 소망은 우리를 앞으로 나아가게 하며, 사랑은 그 모든 것을 완성하는 힘이다.

삶이 그대를 속일지라도

삶이 그대를 속일지라도
슬퍼하거나 노하지 말라
슬픈 날에는 참고 견디라
즐거운 날은 반드시 찾아오리니

마음은 미래를 바라보지만
현재는 한없이 우울한 것
모든 것이 덧없이 흘러가 버려도
지나간 것은 그리움이 되리니

❖ 알렉산드르 푸시킨, "삶이 그대를 속일지라도"

●

알렉산드르 세르게예비치 푸시킨 Alexander Sergeyevich Pushkin, 1799-1837 은 러시아의 대표적인 시인이자 소설가, 극작가다. 그의 시 "삶이 그대를 속일지라도"는 삶의 어려움과 희망, 그리고 지나간 시간에 대한 성찰을 담고 있다. 이 시는 첫째, 고통과 인내에 대한 메시지를 전달한다. "삶이 그대를 속일지라도"라는 시작은 예상치 못한 어려움이 닥칠 수 있음을 암시한다. 둘째, 희망과 변화를 강조한다. "슬픈 날에는 참고 견디라. 즐거운 날은 반드시 찾아오리니"라는 구절은 고통이 영원하지 않음을 말한다. 셋째, 현재와 과거의 대비를 보여 준다. "마음은 미래를 바라보지만 현재는 한없이 우울한 것"이라는 부분은 인간이 미래를 기대하면서도 현재의 어려움 속에서 힘겨워할 수 있음을 표현한다. 그러나 시간이 흐르면 과거의 어려움조차 그리움으로 남는다는 교훈을 담고 있다.
하나님의 사랑과 능력을 믿으며 현재의 고통을 미래의 희망으로 따뜻하게 관조하면서 이 시를 써 보자.

고난 속에서 희망을 보라

캄캄한 밤만 보지 말고 밤 지낸 다음에 밝은 아침이 올 것을 기다리소서. 캄캄한 밤이라도 멀리 하늘을 쳐다보면 무수한 별들 크고 작은 별들이 어두운 밤하늘을 진주와 금강석으로 꾸미고 있는 것을 볼 수 있지 않아요. 당신은 인생의 고난이란 심연(深淵)에서 울지만 말고 그 심연이 변하여 당신에게 아름다운 경치를 보여 주는 높은 인생의 봉우리가 될 것을 기대하시오. 장미가 고우나 그것을 꺾으려는 사람에게는 가시로써 상처를 줍니다. 고통이란 항내(港內)로 깊이 들어가소서. 당신은 지금 남이 만질 수 없는 어느 고귀한 광맥에 손을 대고 있습니다. 풍랑만 무서워하지 말고 풍랑이 멎은 후에 오는 고요함을 바라보소서.

❖ 김영호, 《만수 김정준 박사 회고록[개정판], 관에서 나온 사나이》, "실망을 묻어 버려라"

●

만수 김정준 박사는 폐결핵으로 죽음의 문턱에서 살아 나와 한국을 대표하는 위대한 학자요 설교자로 살아갔다. 그의 조카 김영호 목사는 김정준의 글을 모아 《관에서 나온 사나이》라는 책을 편집했다. 김정준 목사는 캄캄한 밤에도 별이 빛나고, 기다리면 아침이 온다는 희망의 메시지를 그의 체험을 통하여 일러주고 있다.
"내가 사망의 음침한 골짜기로 다닐지라도 해를 두려워하지 않을 것은 주께서 나와 함께하심이라" 시 23:4 라는 말씀을 마음에 새기며 이 글을 써 보자.

자고 깨고, 아, 하나님 은혜

"자고 깨고"의 감격을 금할 수 없다. 내가 폐병 요양소에서 불안한 밤과 낮을 보내고 있었을 때 실제로 같은 환자들이 그렇게 불안한 밤을 맞이하다가 밤에 가 버리고 그다음 날 아침에는 싸늘한 시체로 누워 있는 것을 본 나 같은 사람은 "자고 깨고" 하는 이 평범한 일이 생사를 걸고 싸워야 하는 장엄한 일이었기에 그것을 결코 평범한 어휘 속에 맡겨 두고 싶지 않다. 더욱이 내가 심장병으로 두 번이나 죽었던 1975년의 경험을 회상하면 "자고 깨고" 하는 일에도 하나님의 전적인 사랑과 은총이 돌봐 주셔야만 내가 자고 깨고 하는 일을 날마다 똑같이 할 수 있다고 느껴 보았다.

❖ 김정준, 《시편 명상》, 제3편 "자고 깨고"

●

김정준 목사는 1914년 부산에서 태어났다. 그가 폐결핵 진단을 처음 받은 것은 평양 숭실중학교 3학년인 그의 나이 19세 때였고, 병이 악화되어 1943년 32세에 마산 결핵요양소에 들어가게 되었다. 그는 병상에서 하루아침에도 몇 명씩 죽어 나가는 사람들을 보며 절망했지만, 하나님의 은혜로 기적적으로 병이 나았다. 질병에서 죽을 고비를 넘기고 회생한 경험이 있으면 하루가 소중하고 아침에 눈을 뜨는 것이 기적으로 느껴진다. 김정준 목사는 시편 3편 5절 "내가 누워 자고 깨었으니 여호와께서 나를 붙드심이로다"를 묵상하면서 이 같은 글을 남겼다.
아침에 눈을 뜨는 것이 하나님의 기적이라는 신앙고백을 하며 이 글을 써 보자.

하나하나 되새기자, 받은 은혜를

우리가 가지지 못한 것에 대해 불만을 품는 이유는,
어쩌면 이미 가진 것에 대한 감사의 마음이 부족해서일지 모른다.
… 나는 과거의 사악하고 철면피했던 삶을 오랜 시간 깊이 반성하며,
나 자신을 돌아보았다. 그러면서 섬에 도착한 이후 하나님께서
나를 얼마나 특별히 보살펴 주셨는지, 얼마나 많은 것을 풍성하게
베푸셨는지를 하나하나 되새겼다. 그분께서는 내가 마땅히 받아야
할 벌보다 훨씬 적은 징벌을 내리셨을 뿐만 아니라, 오히려 더욱
풍요로운 은혜를 허락해 주셨다. 이러한 깨달음은 나의 회개가
받아들여졌음을 의미하며, 하나님께서 앞으로도 나를 위해
더 큰 자비와 은총을 베풀어 주실 것이라는 희망을 품게 한다.

❖ 다니엘 디포, 《로빈슨 크루소》

●

다니엘 디포 Daniel Defoe, 1660-1731 는 영국의 소설가이자 언론인으로, 사실주의 소설의 선구자로 평가받는다. 그의 1719년작 《로빈슨 크루소》 Robinson Crusoe 에서 주인공 크루소는 개신교적 가치관을 지닌 인물로, 처음에는 독실한 신앙인이 아니었지만, 무인도에서의 고독과 고난 속에서 하나님을 찾으며 변화를 겪는다. 그는 무인도 생활을 통해 신앙이 점점 깊어지고, 하나님을 향한 사랑을 깨달아 간다. 마치 욥이 시련 속에서 신앙을 더욱 굳건히 했듯, 크루소 역시 극한의 상황을 겪으며 하나님과의 관계를 회복해 나간다. 이 책은 고난 속에서 하나님의 섭리를 깨닫고 영적으로 성장해 가는 한 인간의 순례를 그린 작품이다.
인생은 영적 순례다. "지금까지 지내 온 것 주의 크신 은혜라" 새찬송가 301장 라는 찬송시처럼 과거의 삶을 감사하며 이 글을 써 보자.

고통 없는 열매는 없다

스트라디바리우스가 가진 음색을 현대의 과학으로 풀어 더 좋은 악기를 만들려고 하였으나 모두 실패하였다. … 빙하기의 추위를 이기기 위하여 나무들은 내밀하게 아주 조금씩 성장하였는데, 나무들 중에서도 알프스의 가문비나무가 최고 밀도를 가지게 되었다고 한다. 바로 이 나무들이 명품 스트라디바리우스에 쓰였다. 혹한을 견디면서 성장한 나무들로부터 이 악기의 소리가 만들어졌다는 것이다. 스트라디바리우스의 명품 소리는 고통을 이겨낸 인고(忍苦)의 소리이며, 죽음 같은 혹독한 추위를 견디고 성장한 나무들의 '환희의 송가'이다. 스트라디바리우스가 우리에게 주는 교훈은 '고통 없는 열매는 없다'(No pain, no gain)는 것이다.

❖ 문성모, 《사랑을 믿으세요》, "고난이 남기는 유익"

●

세계 최고의 명품 악기 스트라디바리우스 Stradivarius 에 쓰인 나무는 소빙하기를 거친 나무다. 태양 흑점 활동의 변화로 유럽에서는 소빙하기가 있었는데, 그중에서도 가장 추웠던 기간은 1645년에서 1715년까지 70년 동안이었다. 이 기간의 기후 현상을 연구하고 기록한 사람은 19세기 영국 천문학자 에드워드 마운더 Edward Walter Maunder 였는데, 그의 이름을 따서 이 기간을 '마운더 극소기' Maunder Minimum 라고 부른다. 인생에는 고난이 있고 고통이 끊이지 않는다. 산다는 것은 고난과의 싸움이다.
고난이 유익을 남기고 갈 때 그것을 잡아 아름다운 삶을 가꾸어 보자. 이 글을 쓰면서 그 의미를 음미해 보자.

사랑은 시간을 들이는 일이다

네 장미가 너에게 그토록 중요한 것은 네가 그 장미에 들였던 시간
때문이야. … 사람들은 이 진리를 잊어버렸지만, 너는 잊어서는 안 돼.
네가 길들인 것에 대해서는 언제까지나 책임이 있어. 너는 네 장미를
꼭 책임져야 해. … 나에게는 나의 장미꽃 한 송이가 수백 개의 다른
장미꽃보다 훨씬 더 소중해. 내가 그 꽃에 물을 주었으니까. 내가 그
꽃에 유리 덮개를 씌워 주었으니까. 내가 바람막이로 그 꽃을 지켜
주었으니까. 내가 그 꽃을 위해 벌레들을 잡아 주었으니까.
그 꽃이 불평하거나 자랑할 때도 잘 들어 주었으니까.
그 꽃이 침묵할 때도 나는 곁에서 지켜봐 주었으니까.
그 꽃은 나의 하나뿐인 장미였으니까!

✤ 앙투안 드 생텍쥐페리, 《어린 왕자》, 여우와 어린 왕자의 대화

●

앙투안 드 생텍쥐페리 Antoine de Saint-Exupéry, 1900-1944 는 프랑스의 소설가이자 비행사로, 그의 대표작 《어린 왕자》 Le Petit Prince, 1943 는 전 세계적으로 사랑받는 철학적 동화다. 비행기 조종사인 '나'는 사막에 불시착한 후 신비로운 어린 왕자를 만나고, 왕자는 B-612 소행성을 떠나 다양한 별을 여행하며 어른들이 본질을 보지 못한다는 사실을 깨닫는다. 지구에 도착한 어린 왕자는 여우와의 만남을 통해 '길들여짐'의 의미를 배우며 사랑과 관계의 소중함을 깨닫는다. 여우는 어린 왕자에게 "네가 길들인 장미를 책임져야 한다"고 말하며, 어린 왕자는 자신이 돌봐 온 장미를 향한 책임과 사랑을 인식하게 된다.
처음부터 소중한 것은 없다. 한 마리 양을 소중히 여겨 찾는 목자이신 주님의 마음으로, 모든 사람에게 관심을 보이고 사랑을 만들어 보자.

사랑을 특별하게 만드는 의식

매일 같은 시각에 오는 것이 좋을 거야.
만약 네가 오후 4시에 온다면,
나는 벌써 3시부터 행복해지기 시작할 거야.
4시가 가까워질수록 내 기쁨은 점점 커지겠지.
그리고 마침내 4시가 되면 가슴이 두근거리고,
기대감에 안절부절못하게 될 거야.
그런데 네가 아무 때나 온다면,
나는 언제부터 마음의 준비를 해야 할지 알 수 없겠지.
그래서 '의식'이라는 것이 필요한 거야.
그것이 삶을 특별하게 만들어 주거든.

❈ 앙투안 드 생텍쥐페리, 《어린 왕자》, 여우가 어린 왕자에게

●

생텍쥐페리의 《어린 왕자》에서 여우는 '기다림'과 '의식'의 중요성을 말하며 진정한 관계의 아름다움을 보여 준다. 매일 같은 시간에 찾아오는 어린 왕자를 기다리는 순간들 속에서, 여우는 점점 더 행복해진다. 그는 '아무 때나'의 충동적인 만남이 아니라, 기다림과 설렘이 담긴 의식 있는 만남이 사랑과 우정을 더욱 깊게 만든다고 말한다. 사랑이 깊어질수록, 특별한 시간을 만들기 위한 의식이 필요하다. 단순한 만남을 넘어선 이 기다림의 과정은 관계를 빛나게 한다.
신앙 역시 마찬가지다. 예배는 하나님과의 만남이며, 그 시간을 기다리고 준비하는 의식이 우리의 믿음을 더 견고하게 만든다. 충동적인 감정이 아닌, 진심으로 준비된 예배를 통해 하나님과의 관계는 더욱 깊어지고, 그 만남의 기쁨은 더욱 충만해진다.

신앙과 과학의 조화

자연 과학에서는 옳고 그름이 중요하지만, 종교에서는 선과 악,
혹은 가치의 유무가 핵심적인 문제로 다뤄집니다. …
18세기 이후, 이 두 영역 사이에서 충돌이 발생했지만,
이는 종교에서 사용하는 상징과 비유를 자연 과학적인 관점으로
해석하려 할 때 생긴 오해에서 비롯되었습니다.
따라서 이러한 충돌은 본질적으로 의미 없는 것입니다. …
자연 과학과 종교는 각각 세상의 객관적인 측면과 주관적인 측면을
조화롭게 설명하는 역할을 합니다.
자연 과학은 '우리가 현실의 객관적인 측면에 어떻게 대응하는가?'를
탐구하는 반면, 종교적 신앙은 주관적 결단의 표현입니다.
우리는 이 결단을 통해 가치를 설정하고, 그 가치가 우리의 삶과
행동의 방향을 결정짓습니다.

❖ 베르너 하이젠베르크, 《부분과 전체》, 제7장 "자연 과학과 종교에 관한 첫 대화"

●

베르너 하이젠베르크 Werner Karl Heisenberg, 1901-1976 는 독일의 이론물리학자로 양자역학의 선구자다. 그의 저서 《부분과 전체》는 아인슈타인, 바이체커 등과의 대화를 통해 과학, 철학, 종교, 정치 등의 주제를 다룬다. 하이젠베르크는 과학이 단순한 공식이 아닌 사람 간의 사고와 대화 속에서 태어난다고 강조한다. 특히 1927년에 쓴 제7장에는 아인슈타인과 플랑크가 하나님을 인정하며 과학을 발전시킨 이야기가 나오며, 과학과 신앙이 서로를 보완할 수 있음을 보여 준다. 아인슈타인은 "과학 없는 신앙은 불완전하고, 신앙 없는 과학은 불구다"라고 말했다.
과학과 신앙은 대립이 아닌 조화 속에서 더 깊은 이해를 이끌어 낸다.

8
PART

신앙과 신학의 만남

성부, 성자, 성령 삼위일체 하나님

'삼위'라는 말은 하나님이 성부, 성자, 성령으로서 실재하시는
완전한 분이시며, 동시에 하나님이 한 분이시라는 성경적인 하나님
표현이다. '삼위일체'라는 말 또한 하나님에 대한 적절한 표현이다.
일부 사람들은 이 표현이 성경에 명시적으로 등장하지 않는다고 하여
부적합하다고 주장하지만, 이는 타당하지 않다.
성경의 진리를 명확히 드러내고, 하나님의 뜻을 성실하고 진실하게
전달할 수 있다면, 외래어 사용은 매우 유익하다. 성경의 본질과
가르침을 온전히 전달하는 데 기여한다는 점에서,
이러한 용어 사용은 충분히 가치가 있다.

❖ 장 칼뱅, 《기독교 강요》, 제13장

●

종교개혁자 장 칼뱅은 그의 명저 《기독교 강요》에서 삼위일체 교리를 상세히 설명했다. 그는 성경이 창조부터 구원까지 삼위일체 하나님을 계시하고 있음을 강조했다. 또한 삼위일체 교리는 인간의 이성으로 온전히 이해될 수 없는 신비이지만, 성경을 통해 계시된 진리이므로 믿음으로 받아들여야 한다고 주장했다. 하나님은 본질적으로 삼위일체이신 존재이며, 영원히 성부, 성자, 성령으로 존재하는 불변의 관계를 가지신다고 설명했다.

보이지 않는 것을 믿는 신앙

속지 않는 것을 자랑스러워하는 교만한 지혜가, 눈에 보이지 않는 것은 아무것도 믿지 말아야 한다고 생각한다면, 우리는 무엇보다 먼저 사랑을 믿는 것을 포기해야 한다. 하지만 우리가 속지 않으려는 두려움 때문에 그렇게 한다면, 결국 우리는 속고 마는 것이 아닐까? 속임수에는 여러 형태가 있다. 우리는 사실이 아닌 것을 믿음으로써 속을 수도 있지만, 오히려 사실을 믿지 않음으로써 더 깊이 속을 수도 있다. 사람은 겉모습에 속기도 하지만, 속지 않으려는 현명한 태도를 가장한 교만한 마음에 더욱 쉽게 속을 수 있다.
그렇다면 어떤 속임수가 더 위험할까? 정말로 못 보는 사람의 회복과, 본다고 하면서도 실제로는 보지 못하는 사람의 회복 중 어떤 것이 더 어려울까?

❖ 쇠렌 키르케고르, 《사랑의 수고》

●

철학자 쇠렌 키르케고르 Søren Kierkegaard, 1813-1855 는 실존주의 철학의 선구자로서, 사랑과 신앙, 인간 존재에 대한 깊은 통찰을 남긴 철학자다. 그는 교회의 잘못된 점을 꼬집으며 비판을 아끼지 않았지만, 기독교적 변증을 위한 많은 글을 남겼다. 그중에서 1847년에 쓴 《사랑의 수고》 Works of Love 는 기독교적 사랑 아가페 에 대한 깊은 성찰을 담고 있으며, 사랑이 단순한 감정이 아니라 실천적 행위임을 강조한다. 그는 이 글에서 보이지 않는 것에 대한 믿음을 변호하고 있다.
보이는 세계를 보이지 않는 하나님이 창조하셨다. 보이는 세상이 전부가 아니라 보이지 않는 하나님의 나라가 있다. 이를 생각하며 글을 써 보자.

하나님이 나를 창조하신 이유

당신은 본래 온전히 선하시기에, 어떤 피조물이 없어도 행복에 부족함이 없으십니다. 피조물을 창조하고 다듬으신 것은 결핍 때문이 아니라, 넘쳐흐르는 자비에서 비롯된 것입니다. 당신의 기쁨은 피조물에 의해 채워지는 것이 아니기에, 불완전한 것이 완전하신 당신의 마음에 들 리가 없습니다. 그러나 불완전한 존재가 당신의 손길로 완전해질 때, 그때 비로소 당신께서 기뻐하실 것입니다.

❖ 아우구스티누스, 《고백록》, 제13권

●

4-5세기에 활동한 교부 아우구스티누스 Aurelius Augustinus, 354-430 는 로마 영토였던 북아프리카 히포의 주교로서 평생 신학을 연구하며 목회에 헌신했다. 그의 신학은 인간의 공로가 아닌 하나님의 전적인 은총에 의해 구원이 이루어진다는 점을 강조한다. 이는 종교개혁자 마르틴 루터와 장 칼뱅에게 깊은 영향을 미쳤다. 이 글은 만물 창조의 이유가 결핍을 채우시기 위한 것이 아니라, 하나님의 은총의 표현임을 보여 준다. 하나님은 완전한 창조주이시며, 인간은 불완전한 피조물임을 깨닫는 것이 신앙의 핵심이다.
은총으로 나를 만드신 하나님의 자비하심을 찬양하자. 그리고 주님의 기쁨이 되는 삶을 살 겠다는 고백을 드리자.

자유롭고 자발적으로 하나님 사랑하기

그렇다면, 왜 하나님께서 사람들에게 자유의지를 주셨을까요? …
만약 모든 피조물이 자동적으로 움직이는 기계적 존재라면,
그러한 세상은 창조할 가치가 없을 것입니다.
하나님께서 인간에게 주시고자 하신 가장 고귀한 행복은 사랑과
기쁨의 절정을 이루는 순간에, 자유롭고 자발적으로 하나님과
그리고 이웃과 깊이 연합하면서 느끼게 되는 행복입니다.
이 행복은, 지상에서 남녀 간에 나누는 가장 황홀한 사랑조차
물 탄 우유처럼 싱겁게 느껴질 정도로, 비교할 수 없이 숭고한
것입니다. 이러한 행복을 온전히 누리기 위해 인간은 반드시
자유로워야 합니다.

❖ C. S. 루이스, 《순전한 기독교》, 제2장 "그리스도인은 무엇을 믿는가?"

●

영국의 작가 C. S. 루이스 Clive Staples Lewis, 1898-1963 는 《나니아 연대기》, 《순전한 기독교》 등의 저서를 통해 기독교 신앙을 철학적, 문학적으로 해석하며 많은 독자들에게 영향을 주었다. 《순전한 기독교》 Mere Christianity 는 루이스가 네 차례에 걸쳐 진행한 강연 내용을 정리하여 4장으로 편집한 책이다. 제1장: 옳고 그름 우주의 의미를 푸는 실마리, 제2장: 그리스도인은 무엇을 믿는가?, 제3장: 그리스도인의 행동, 제4장: 인격을 넘어서 등으로 구성되어 있다. 루이스는 인간이 자유의지를 통해 하나님께 순종할 때 무한한 행복과 기쁨을 누리는 축복을 경험할 수 있음을 강조한다.
이 글을 쓰며 하나님이 주신 자유의지의 의미를 생각해 보자.

참 자유인이면서 참된 종으로 사는 법

그리스도인은 전적으로 자유로운 존재로서 만물의 주인이며
누구에게도 예속되지 않는다. 동시에, 그리스도인은 전적으로
충실한 종으로서 모든 사람을 섬기며 모두에게 예속된다.
이 두 명제는 겉보기에는 서로 모순되는 것처럼 보이지만,
실제로는 깊은 조화를 이루며 우리의 목적에 크게 이바지할 것이다.
이는 바울이 한 말이다. … 그리스도께서도 만물의 주이셨지만,
여인에게서 나시고 율법 아래 나셨다(갈 4:4). 그러므로 그리스도는
"하나님의 형상"과 동시에 "종의 형상"(빌 2:6-7)을 입으신 분으로,
참된 자유인이시면서도 참된 종이셨다.

❖ 마르틴 루터, 《그리스도인의 자유》, 제1장

●

마르틴 루터 Martin Luther, 1483-1546 는 1517년 종교개혁을 일으킨 후 3년이 지난 1520년, 《그리스도인의 자유》 Von der Freiheit eines Christenmenschen 라는 글을 발표했다. 그는 당시 무소불위의 권력을 쥔 교황과 교권주의자들을 비판하며, 그리스도인의 정체성은 '섬기는 종으로서의 자유인'이 되어야 한다고 강조했다.
나는 과연 자유인이면서도 섬기는 종으로서 사람들을 대하고 있는가? 또한 교회의 직분을 '종으로서 자유인'이라는 개념으로 감당하고 있는가? 이를 스스로 점검해 보자.

나의 자유의지로 사랑을 실천합니다

나는 자유인이면서도 섬기는 종으로서 사람들을 대하고 있습니까? 또한 교회의 직분을 '종으로서 자유인'이라는 개념으로 감당하고 있습니까? 나의 자유의지로 어떤 사랑을 실천할지 써 보세요.

성경은 하나님의 말씀이다

그리스도인의 신앙과 삶에서 최종적이고 궁극적인 권위가 교회에 있다는 로마 가톨릭교회의 가르침은 잘못된 것이다.
만일 교회의 동의가 있어야만 성경이 권위를 갖는다면,
이는 하나님의 침범할 수 없는 진리가 인간의 결정에 좌우된다는 말과 다름없다. 이러한 주장은 성경의 신적 권위를 폄훼하는 것이며,
불경스러운 사람들이 성경의 이름을 빌려 자기 뜻대로 권력을 행사하는 것과 같다.
결국, 영생의 약속마저 인간의 판단에 종속되는 결과를 초래하게 된다. … 성경은 그 자체로 참된 것을 증명하는 능력을 가지고 있다.
즉 성경이 하나님의 말씀이라는 사실은 외부적인 증거나 논리를 통해 입증될 필요가 없으며, 스스로 그 진리성을 드러낸다.

❖ 장 칼뱅, 《기독교 강요》, 제1권 7장

●

종교개혁자 장 칼뱅 Jean Calvin, 1509-1564 은 《기독교 강요》에서 가톨릭의 교리를 반박하며 성경이 교회의 권위에 의해 결정되는 것이 아니라, 성경 자체가 궁극적인 신적 권위를 가진다고 강조한다. 성경은 하나님의 직접적인 계시이며, 인간의 해석이나 동의 없이도 참된 진리다. 교회의 역할은 성경을 따르는 것이지, 성경을 결정하는 것이 아니다. 진정한 신앙은 하나님의 말씀에 절대적으로 의존해야 한다.
이 글은 단순히 교회의 오류를 지적하는 것이 아니라, 성경의 궁극적인 권위를 강조하는 중요한 신학적 주장이다. 칼뱅은 교회의 역할을 부정하는 것이 아니라, 교회가 성경의 권위 아래 있어야 함을 명확히 하고자 했다. 성경은 하나님의 말씀이다.

성경은 하나님이 지키신다

성경이 공포된 이후, 오랜 세월 동안 많은 사람들이 확고한 믿음으로
하나님의 말씀에 순종해 왔다. 그러나 사탄은 끊임없이 성경을
억압하고 파괴하며, 인간의 기억 속에서 성경을 제거하고자 애썼다.
그럼에도 불구하고, 성경은 종려나무처럼 더욱 강하게 자라며,
어떤 세력도 감히 공격하거나 말살할 수 없는 탁월한 위치를
차지하게 되었다. 역사 속에서 많은 논객과 웅변가, 사상가들이
성경을 공격했지만, 그들의 평생에 걸친 노력은 결국 아무런 성과를
거두지 못했다. 세상의 모든 세력들이 성경을 없애기 위해 총력을
기울였음에도, 그들의 시도는 연기처럼 사라져 버렸다.
…성경은 인간의 온갖 학대와 말살의 시도에도 불구하고,
그 자체의 힘으로 지금까지 널리 보급되어 왔다.

❖ 장 칼뱅, 《기독교 강요》, 제1권 8장

●

장 칼뱅은 마르틴 루터와 울리히 츠빙글리 Ulrich Zwingli 의 종교개혁을 이어받아 더욱 체계적인 개혁을 추진했다. 그는 하나님의 절대주권과 성경의 권위를 강조하며, 그것이 교회와 신앙의 중심이 되어야 한다고 주장했다. 칼뱅의 대표적인 저서 《기독교 강요》에서 그는 성경이 신앙의 유일한 원천이며, 어떤 인간의 지식도 하나님의 말씀인 성경 앞에서는 절대적인 것이 될 수 없다고 말했다. 그는 성경이 인간의 보호에 의해 유지된 것이 아니라, 하나님의 말씀 자체이기에 지금까지 보존되었다는 사실을 강조했다.
성경은 하나님의 말씀이며 하나님에 의하여 보존된 불변의 진리다.

삼위일체의 하나님을 내가 믿습니다

내가 무엇을 믿는다는 것은 곧 내가 홀로 있지 않음을 의미한다. 인간은 영광과 비참 속에서도 결코 홀로 존재하는 것이 아니다. 하나님께서 우리에게 가까이 오셔서 우리의 주(主)요 스승이 되시며, 온전히 우리를 돕기 위해 나타나신다. 우리는 이 하나님과의 대면 속에서 좋은 날과 나쁜 날을 겪으며, 때로는 거역하고 때로는 순종하며 살아가고 활동하며 고통을 경험한다. 그러나 나는 홀로 있지 않으며, 하나님께서 나와 만나 주시며 어떤 상황 속에서도 함께하신다. 나는 하나님 아버지와 아들과 성령을 믿는다. 하나님과의 만남은 예수 그리스도를 통해 주어진 은총의 말씀과의 만남이다. 신앙은 하나님 아버지, 아들, 성령을 신앙의 대상으로 바라볼 때, 우리와 만나신 분으로서 우리에게 말씀하시는 것이다. 또한, 이 하나님은 한 분이시며, 우리를 위해 하나이신 분으로 존재하신다.

❖ 칼 바르트, 《교회교의학》, 제2장 "믿음은 신뢰이다"

●

20세기 최고의 신학자 칼 바르트 Karl Barth, 1886-1968 는 전 14권의 방대한 《교회교의학》 Kirchliche Dogmatik 을 저술했다. 《교회교의학》은 바르트가 1946년 제2차 세계대전 직후 독일 본 Bonn 대학에서 강의한 내용을 정리한 책이다. 이 책에서 바르트는 사도신경의 내용을 중심으로 삼위일체의 하나님과 성육신하신 예수님과 예수 그리스도를 통한 은총의 신학을 서술하고 있다. 이 글은 "내가 믿습니다"라는 사도신경의 첫머리 고백을 이해하기 쉽게 독자들에게 풀어 주고 있는데, 그의 심오하고 복음적인 신학 세계를 맛볼 수 있는 대목이다.

하나님을 믿어야 하는 이유

행복은 인간의 욕망이 완전히 충족되어 더 이상 바랄 것이 없게 된 상태이다. 만약 아직 바랄 것이 남아 있다면, 그것은 궁극적인 목적으로서의 선이 될 수 없다. 인간의 의지, 즉 인간의 욕망은 보편적인 선(universal good)을 향하며 이를 추구한다. 그런데 보편적인 선은 어떤 피조물 안에서도 발견될 수 없다. 왜냐하면 모든 피조물은 부분적인 선만을 지니고 있기 때문이다. 이 보편적인 선은 하나님 안에서만 발견된다. 따라서 인간의 의지를 온전히 만족시킬 수 있는 분은 오직 하나님뿐이다. 시편 103편 5절에서 "좋은 것으로 네 소원을 만족하게 하사"라고 한 것처럼, 하나님만이 인간의 의지를 만족시킬 수 있다.
그러므로 인간의 참된 행복은 오직 하나님 안에서만 이루어진다.

❋ 토마스 아퀴나스, 《신학대전》 제2부 제1편, 제3문 8항

●

토마스 아퀴나스 Thomas Aquinas, 약 1225-1274 는 중세 스콜라 철학을 대표하는 신학자다. 그는 이성을 통해 신앙을 이해하려고 했다. 그는 인간 이성의 중요성을 인정했지만, 이성이 닿을 수 없는 영역은 신앙의 영역으로 보았다. 그의 대표작 《신학대전》 Summa Theologica 은 총 3부로 구성되어 있으며, 그중 제2부는 다시 제1편 Prima Secundae 과 제2편 Secunda Secundae 으로 나뉜다. 아퀴나스는 인간이 추구하는 '보편적인 선'이 곧 하나님이라고 주장한다. 하나님만이 완전한 선 그 자체이기 때문에, 인간의 의지가 궁극적으로 안식을 얻을 수 있는 유일한 대상은 하나님뿐이라는 것이다.
"수고하고 무거운 짐진 자들아… 내가 너희를 쉬게 하리라" 마 11:28 는 주님의 말씀을 생각하며 토마스의 신앙고백을 따라해 보자.

값싼 은혜와 값비싼 은혜

값싼 은혜는 참된 회개를 요구하지 않고, 후회만으로 용서를 구하며, 세례나 교회의 규율 없이 친교를 나누는 것이다. 또한 고백 없는 사죄, 개인적인 회개 없는 용서를 의미한다. 값싼 은혜는 제자도가 없는 은혜이며, 십자가 없는 은혜이고, 살아 계시며 성육신하신 예수 그리스도가 없는 은혜이다.

❖ 디트리히 본회퍼, 《제자도》

●

디트리히 본회퍼 Dietrich Bonhoeffer, 1906-1945 는 독일 루터교회 목사이자 신학자, 반反 나치 운동가로, 고백교회 운동을 주도한 사람 중 하나다. 그는 나치 독재에 맞서 신앙과 행동의 일치를 강조하며 저항했고, 결국 1945년 플로센뷔르크 수용소에서 처형되었다. 이 글은 그가 1937년에 저술한 《제자도》 The Cost of Discipleship 에 나오는 내용이다. 본회퍼는 이 책에서 "값싼 은혜"와 "값비싼 은혜"를 대비하며, 참된 신앙이란 단순한 용서나 형식적인 신앙생활이 아니라 예수 그리스도를 따르는 삶과 희생을 동반하는 것임을 강조했다.

"값싼 은혜"는 회개 없이 용서를 주장하며, 십자가 없는 신앙을 허용하고, 참된 제자도를 요구하지 않는 은혜를 의미한다. 반면, "값비싼 은혜"는 예수 그리스도를 따르는 삶 속에서 희생과 헌신을 동반하는 참된 은혜를 뜻한다. 본회퍼는 그리스도인의 삶이 단순한 믿음의 고백이 아니라 실제적인 순종과 헌신을 포함해야 한다고 주장했다. 그는 당시 독일 교회가 나치 정권과 타협하는 모습을 비판하며 참된 신앙의 길을 제시했다. 그의 신앙과 삶은 오늘날에도 많은 기독교인에게 깊은 영향을 미치고 있다.

시간이 아닌 은혜로 계산되는 삶

포도원 주인은 서로 다른 시간에 품꾼들을 불렀지만, 계약에 따라 모두에게 동일한 품삯을 주었다. 그렇다면 그의 결정은 옳은 것이 아닌가? 영원의 관점에서 볼 때, 그는 옳다. 왜냐하면 영원의 의미에서는 모든 품꾼이 단 한 번 일을 한 것이기 때문이다. 영원의 품삯이라는 관점에서 한 사람이 다른 사람보다 더 오래 일한 적이 없다. 3시(아침 9시)에 부름 받은 사람이 11시(오후 5시)에 부름 받은 사람보다 더 오랜 시간 일한 것이 아니기 때문이다.

❈ 쇠렌 키르케고르,《기독교 담론》, 고난 속에서의 기쁨

●

쇠렌 키르케고르 Søren Kierkegaard, 1813-1855 는 덴마크의 철학자, 신학자, 시인, 사회비평가로, 실존주의 철학의 선구자로 평가받는다. 그의 《기독교 담론》 Christian Discourses 은 1848년 덴마크어로 처음 출판된 책으로, 기독교 신앙과 인간의 실존을 깊이 탐구한 작품이다. 그는 이 책에서 영원한 행복이 현세적 고통보다 더 크다고 주장하며, 고난은 희망을 가져다주고, 가난은 다른 사람을 부유하게 만들며, 역경은 오히려 번영으로 이어질 수 있다는 관점을 펼쳤다. 이 책은 총 28개의 담론으로 이루어져 있으며, 7개씩 네 개의 그룹으로 구성되어 있다. 키르케고르는 창조주 하나님과 인간이 되신 구세주 예수의 죽음과 부활, 승천과 재림, 그리고 심판을 통한 영원한 신앙을 탐구하면서, 이교도들이 그리스도인이 되도록 설득하려 한다.

마태복음 20장의 비유는 구원의 은혜가 인간의 노력이나 자격이 아니라, 하나님의 선한 뜻에 의해 주어진다는 사실을 강조한다. 하나님의 은혜에 감사하며 겸손한 마음으로 이 글을 써 보자.

교회의 거룩성은 무엇인가

교회는 죄인들로 구성된 교회다. 이러한 죄인들이 교회의 지체들이기 때문에 에클레시아 그 자체에 죄가 존재하며, 그리스도의 몸 그 자체가 더럽혀지고, 성령의 집 그 자체가 동요되며, 하나님의 백성 그 자체가 상처를 입게 된다. 즉 교회 그 자체가! … 교회는 죄 있는 교회다. 물론 하나님, 그리스도, 성령에 의해서가 아니라, 죄 있는 지체들에 의해 그렇게 된다는 말이다. 이러한 사실은 충격적인 진리다. 그러나 동시에 인간을 해방시키는 진리이기도 하다. 이러한 진리는 나로 하여금 구태의연한 변증에서 벗어나도록 만들며, 죄인인 자신을 공동체에서 추방할 필요가 없게 만든다. 교회는 실제적이며, 나 또한 교회에 머무르고 교회를 붙들 수 있으며, 또한 그렇게 해야만 한다. 따라서 교회의 거룩성은 교회의 지체들, 즉 그들의 도덕적 또는 종교적 행위에 좌우되지 않는다는 사실이 밝혀졌다.

❖ 한스 큉,《교회》

●

한스 큉 Hans Küng, 1928-2021 은 독일 튀빙겐 대학 교수로 스위스 출신의 가톨릭 사제이지만, 교황 무오설 등을 비판하며 교권주의 교회와 맞서다가 교수직을 박탈당하는 등의 고난을 당했다. 큉은 가톨릭 신학자이지만 개신교 신학자인 칼 바르트 Karl Barth 와 폴 틸리히 Paul Tillich 의 영향을 받았다. 큉은 교회의 형태가 시대마다 변하지만 그 본질은 변하지 않는다고 주장한다. 그는 교회가 인간의 조직이 아니라, 예수 그리스도의 가르침을 따르는 공동체로서 존재해야 한다고 강조한다. 그리고 교회의 거룩성은 성도들의 죄성에 의해 훼손되지 않는다고 강조한다.

재물, 하나님의 영광을 위해

인간은 하나님의 은혜로 받은 재물을 관리하는 존재일 뿐이다.
성경에 나오는 종처럼, 맡겨진 돈 한 푼 한 푼에 대해 책임이 있고
보고의 의무가 있다. 따라서 그것을 하나님의 영광이 아닌 자신의
즐거움을 위해 사용하는 것은 매우 위험한 일이다.
인간은 재산에 대해 의무를 가진다고 믿으며, 때로는 자신을 종처럼
여기거나 끝없이 이익을 추구해야 하는 기계처럼 느끼기도 한다.
이러한 사고방식은 우리 삶을 무겁게 짓누를 수 있다.
재산이 많을수록 책임도 더욱 커진다. 단순히 그것을 유지하는
것만이 아니라, 하나님의 영광을 위해 줄어들지 않도록 관리하고,
끊임없는 노력으로 이를 늘려야 한다는 부담이 따른다.

❖ 막스 베버, 《프로테스탄트 윤리와 자본주의 정신》

●

막스 베버 Max Weber, 1864-1920 는 독일의 사회학자, 경제학자, 정치학자로 근대 사회학의 기초를 확립한 인물이다. 그는 대표 저서 《프로테스탄트 윤리와 자본주의 정신》 The Protestant Ethic and the Spirit of Capitalism 에서 칼뱅주의 Protestant Calvinism 가 자본주의 발전에 중요한 영향을 미쳤다고 주장했다. 특히 칼뱅주의의 직업 소명 의식과 금욕주의가 자본주의 정신을 형성하는 데 기여하였다고 분석했다. 프로테스탄트들은 노동을 단순한 생계 수단이 아니라 하나님의 부름 소명, calling 으로 여겼다. 따라서 성실하게 일하고 부를 축적하는 것이 신앙적으로도 중요한 의미를 가졌다. 또한 프로테스탄트들은 사치와 낭비를 피하고 검소한 생활을 했다. 이렇게 절약된 돈은 다시 투자되어 자본주의 경제를 발전시키는 원동력이 되었다.

하나님께 모든 것을 빚진 자

경건이란 하나님께 대한 경외심과 사랑이 조화롭게 결합된 상태를 의미한다. 이러한 사랑은 하나님의 은혜를 깊이 깨닫고 이해하는 것에서 비롯된다. 인간은 자신이 누리는 모든 축복의 근원이 하나님께 있음을 인식하고, 하나님께 모든 것을 빚지고 있다는 사실을 깨닫기 전까지는 진정한 순종과 봉사를 실천할 수 없다. 또한 자신의 모든 행복이 하나님께로부터 비롯되었음을 받아들이지 않는다면, 마음 깊은 곳에서 우러나오는 진실한 헌신은 이루어질 수 없다. 결국 하나님께서 주신 은혜와 축복을 깨닫고 온전히 순종하는 것이 경건의 핵심이다.

❖ 장 칼뱅, 《기독교 강요》, 제1권 2장

●

종교개혁자 장 칼뱅 Jean Calvin, 1509-1564 은 신앙이 단순한 이론이 아니라, 실제 삶 속에서 실천되어야 한다고 강조했다. 그는 하나님을 경외하며, 그분의 뜻을 따라 살아가는 신자야말로 참된 신앙인이라고 보았다. 경건은 하나님을 향한 사랑이며, 헌신은 그 사랑을 실천하는 삶이다. 우리는 믿는 바를 삶 속에서 실천하며, 하나님께 온전히 헌신하는 신앙인이 되어야 한다. 칼뱅은 그 경건과 헌신의 동기와 실천 능력이 하나님에게서 온다고 주장한다. 우리는 하나님을 떠나서는 아무것도 할 수 없는 존재다. 이 글을 쓰면서 하나님을 사랑하고 그 사랑을 실천하는 경건과 헌신의 힘이 하나님께 있음을 기억하자.

관용, 용서를 넘어선 판단

관용은 결정에서 자유를 가진다. 법의 엄격한 틀을 반드시 따르지는
않지만, 공정성과 선의에 기반한 판단을 내린다. 때로는 무죄를
선고하거나 손해 배상을 가치 중심으로 조정하기도 하지만,
정의롭지 않은 행동을 정당화하지는 않는다. …
반면, 용서는 처벌받아야 할 행위에 대해 책임을 면제하는 것이다.
처벌이 타당한 순간에도 그것을 실행하지 않는 것이다.
이런 관점에서 볼 때, 관용은 용서보다 더 균형 잡히고 신뢰할 수
있는 개념으로 받아들여진다. … 관용은 곧고 건강한 나무만을
돌보는 것이 아니라, 구부러져 자란 나무가 다시 곧게 자랄 수 있도록
버팀목을 세워 주는 태도다. 단죄를 넘어 회복과 성장을 바라보며,
정의와 함께 조화를 이루는 윤리적 가치라고 할 수 있다.

❖ 장 칼뱅, 《세네카의 관용론 주석》, 제2권 7장

●

루키우스 안나이우스 세네카 Lucius Annaeus Seneca, 주전 4-주후 65 는 로마 제국 시대의 정치가,
철학자, 문학가로 스토아 철학의 대표적인 인물이다. 그는 네로 Nero 황제의 조언자로 활동
했지만, 후에 정치적 음모에 휘말려 네로에게 자살을 명령받고 침착하게 죽음을 맞이했다.
세네카는 네로 황제가 폭군의 길을 걷지 않도록 권면하기 위해 《관용론》 De Clementia 을 저
술했다. 이 책은 이후 종교개혁자 장 칼뱅에게도 깊은 영향을 미쳤다. 1532년 칼뱅은 《세네
카의 관용론 주석》을 써서 인문주의자 에라스무스 Erasmus 에게 보냈다. 칼뱅은 기독교 국가
의 틀 속에서 신정 정치를 실현하고자 했다. 그는 정의를 실현하는 도구로서 관용을 정치 윤
리의 최고 미덕으로 여겼다.
요한복음 8장의 간음한 여인에 대한 주님의 태도를 생각하며 글을 옮겨 보자.

영적 호기심으로 이단에 빠진다

우리의 죄는 이미 완전히 사해졌지만, 아직도 완전히 깨끗해지지 않은 부분이 많아 우리는 온전히 정화되지 못하고 있습니다. … 상처는 날마다 씻어야 합니다. 우리의 삶은 마치 병원에 있는 환자와 같습니다. 죄는 이미 용서받았으나, 우리는 아직 완전히 치유되지 않았습니다. 이성(理性)이 신앙을 흔들지 않도록 우리 각자가 경계하고 주의해야 합니다. 광신자들을 보십시오. 그들은 말씀과 신앙을 받아들였지만, 세례를 받는 순간에도 여전히 정화되지 않은 채 있습니다. 그들은 교묘하게 신앙보다 자신의 지혜를 앞세우려는 태도를 보입니다. 결국 자신들의 지혜를 성경과 신앙 위에 놓으려 합니다. 이는 결국 이단에 빠져들게 되는 위험한 길이 됩니다.

❖ 마르틴 루터, 《루터 전집 51. 123》, 마르틴 루터의 설교, "이성에 유혹당하지 말라"

●

마르틴 루터 Martin Luther, 1483-1546 는 저명한 신학자이자 뛰어난 설교가였다. 그는 비텐베르크 대학에서 성서신학 교수로 강의하면서 부속 교회당과 수도원에서도 설교를 했다. 수도원에서 수사들에게 설교할 때는 라틴어를 사용했으며, 그의 사후에 집대성된 총 120여 권의 《루터 전집》 중 제51권에 그의 설교들이 수록되어 있다. 이 설교는 로마서 12장 3절을 본문으로 하여 1646년 1월에 선포된 말씀의 일부다.

우리는 구원받았지만, 성령으로 인도함을 받지 않으면 타락할 수 있다. 인간의 이성과 지혜를 말씀으로 다스려야 이단에 빠지지 않는다. 마귀는 호기심을 미끼로 성경에 기초한 신앙을 흔들려고 한다. 잘 믿어 보려는 사람들 중에서도 이단에 빠지는 경우가 있다. 그 이유는 끝까지 하나님의 말씀을 의지하지 않고, 호기심에 이끌려 이성과 지혜를 말씀보다 앞세우기 때문이다.